산국꽃이
피는 마을

김용택 지음

문학동네

■ **일러두기**

'김용택의 섬진강 이야기'는 1948년부터 2012년까지 섬진강 마을의 역사와 사람살이를 기록한 산문집이다. 마을 사람들의 정서와 언어를 훼손하지 않기 위해, 입말과 방언은 표준어로 고치지 않고 살려 썼으며, 지역명은 현 행정구역명과 다를 수 있다.

서문

두려워 말라
내 어린 날들아!

강변에 넓은 풀밭이 있었다.

우리들 키만한 풀들이 자라고 있었다.

바람이 불었다.

비가 왔다.

새들이 날고

눈이 왔다. 눈이 무릎을 넘게 와도 그 길은 묻히지 않았다.

봄이 되면 묵은 풀들이 넘어지고 새 풀들이 우리 키만큼 또 자랐다.

물새가 그 길을 송종 긷고

부전나비가 앞서 날았다.

그 길을 지나면, 넓은 호수가 있었다.

호수는 하늘의 거울이었다.

고기들이 튀어올랐다.

큰 고기는 철썩 소리를 내며 떨어지고

작은 고기들은 차르륵 소리를 내며 물결을 일으켰다.

호수에 얼음이 얼었다.

살얼음이 얼면 작은 돌멩이를 던졌다. 살얼음 깨지는 경쾌한 소리가

아름다웠다. 정말 아름다운 파문이 되어

내 마음에도 물결을 일으키며 지나갔다.

두꺼운 얼음이 얼면

우리는 그 얼음 위로 걸어다녔다.

무서웠다. 얼마나 깊은지 모르는 호수는 늘 무서웠다.

사람이 빠져 죽기도 했다.

호수를 지나면 징검다리가 있었다.

봄 여름 가을 겨울, 물이 불면 동생들을 업어 건네고

얼음이 얼면 모래를 뿌리고 건넜다.

이른 봄, 봄비에 물이 불어 징검돌을 넘으면 나는 신발을 벗고

시린 물을 건넜다. 발이 빨갛게 시렸다.

강 건너 바위 위에 앉아 발을 말리고 양말을 신었다.

초등학교 때부터 어른이 되어 마흔이 넘고 쉰이 넘을 때 나는

그 길에 홀로 남았다.

돌멩이들도 물새도 호수도 징검돌들도 어디론가 실려가고 캄캄하게 묻혀

아이들처럼 사라졌다.

자운영꽃이 만발한 그 서늘한 풀밭을 맨발로 걸었다.

풀들이 내 맨발바닥에 시를 썼다.

내 시는 그 길 위에

그 바람 부는 풀밭길 위에

있다.

아! 눈에 선한

그 길의 작은 돌멩이들이여!

내 발등을 적시던 이슬들과 눈송이들이여!

내 발길은 아직 그대들을 잊지 않았나니,

두려워 떨지 말라.

내 어린 날들아!

2013년 1월

김용택

차례

서문 _ 두려워 말라 내 어린 날들아! … 005

제1부 ● 아주 오래된 이야기

- 피란지의 굴속에서 … 015
- 첫날 … 018
- 새 … 024
- 살구꽃이 피는 마을 … 027
- 아주 오래된 사진 한 장, 봄날 … 036
- 뱀이 있는 집 … 042
- 그리운 우리 큰집 … 053
- 탄환으로 고기를 잡다 … 064

제2부 • 산과 강, 달과 샘

- 용소 … 075
- 더덕의 전설 … 086
- 구장네 솔밭 … 089
- 칫솔, 흰 수건, 비누, 흰 런닝샤쓰 … 093
- 복두네 집 샘 … 097
- 달을 품고 자다 … 101
- 현철이네 집 … 108
- 청산 … 116
- 정자나무 1 … 120
- 이웃 양반 … 124
- 꼴 따먹기 … 125

제3부 • 산그늘, 나무그늘 아래에서

- 우윳가루가 다소에 좀 나왔다 … 135
- 혀 … 139
- 미리 잡기 … 141
- 정남이 누나 … 145
- 우리 동네 앞강에서 놓친 고기는 다 크다 … 150
- 어느 날 … 152
- 독립 … 155
- 양잿물과 애린 이 … 158
- 이제야 말하는 비밀 … 165
- 앗차! … 168
- 정자나무 2 … 169
- 이야기 하나 … 171
- 이야기 둘 … 172
- 보리밭 … 173

제4부 • 하얗게 웃던 동무들과 놀던 그 시절

- 우산 속 … 179
- 파란 칡잎, 빨간 산딸기 … 184
- 연애편지 사건 … 192
- 일구지댁 … 196
- 하얗게 웃던 그 여자아이 … 198
- 성순이와 정남이 누나 … 203
- 여자아이 옷을 입고 굿마당에서 춤을 추다 … 206
- 형들 … 223
- 집안일 … 227
- 땅따먹기를 하며 놀다 … 231
- 흐르는 강물에 돌을 던지며 놀다 … 234
- 느티나무 껍질에 풀잎을 숨기며 놀다 … 240
- 붉은 벽돌의 교회당 … 245
- 졸업 … 248
- 그리운 이름들을 다시 불러본다 … 252
- 귀소 … 254

제1부

아주 오래된 이야기

피란지의 굴속에서

　내가 세 살 때 6·25전쟁이 일어났다. 동네 사람들은 마을과 집을 버리고 뿔뿔이 흩어졌다. 우리도 살림살이 보따리를 싸서 머리에 이고 지고 강을 건너 큰집 밭이 있는 평밭으로 피란을 갔다. 큰집 밭머리에 깊이 땅을 파고 서까래 굵기의 나무토막을 굴 위에 걸치고 그 위에 풀과 나뭇가지를 얹고 다시 그 위에 떠를 떠 얹어 굴을 은폐했다. 강 건너로 군인들과 빨치산들이 지나다녔다. 어떤 때는 허리를 굽혀야 드나들 수 있는 굴을 향해 총질을 했다. 총알들이 귓가로 쉭쉭, 핑요핑요 시나가거나, 픽픽, 퍽퍽 머리 위로 총알이 떨어지며 먼지가 풀풀 날리면 식구들은 서로를 부둥켜안고 숨을 죽였다. 그러던 어느 날이었다고 한다.

우리 식구와 헤어져 살고 있던 큰아버지 가족이 우리 굴을 찾아왔단다. 어두컴컴한 굴로 들어온 큰어머니 등 뒤에는 용식이가 업혀 있었다. 용식이가 나를 먼저 알아보았는지, 내가 용식이를 먼저 알아보았는지 모르지만 나는 땅바닥에서 용식이를 올려다보며 훌훌 뛰고, 용식이는 큰어머니 등에서 나를 잡으려고 훌훌 뛰더란다. 큰어머니가 용식이를 내려놓자마자 용식이와 내가 서로 달려들어 얼싸안고 빙빙 돌며 훌쩍훌쩍 뛰더란다. 용식이는 나보다 한 살 아래 사촌동생이다. 정답고 아름다운 이 광경을 바라보며 두 식구들은 웃고 울었단다. 어머니로부터 그 이야기를 들을 때마다 눈물겨운 그림이 펼쳐졌다. 그날, 세상에 태어나 최초로 사회적이고 인간적인 행동을 함으로써, 나는 한 인간으로서 인격을 부여받았다 할 수 있으리라.

그리고 동네 집들이 다 불탔다. 사람들이 강 건너에서 불타는 마을을 바라보았다. 강물에 어린 불빛들이 너울거렸다. 사람들은 다시 마을을 멀리 벗어나 타향으로 피란길에 올랐다. 그 피란길에서 우리는 할아버지를 잃었다. 어딘지 모른다. 멀리 신작로 길로 며칠에 한 번씩 '또라꾸'가 한일자로 먼지를 뽀얗게 일으키며 지나갔다. 마을 뒤에는 파란 대숲이 있고, 작은 무덤이 대숲가에 있었다.

전쟁이 끝나자 사람들은 다시 고향으로 돌아와 옛 집터에 집을 짓고 산과 들로 지게를 짊어지고 나가 곡식을 가꾸었다. 강물이 흐르고 동네 앞 느티나무 아래로 아이들이 모여들고 산에는 새들이 울었다. 앞산 뒷산에 꽃이 피고 새잎들이 피어났다.

　용식이는 대학 3학년 때 죽었다. 우리 모두 집안을 일으킬 큰 인물로 자랄 것을 믿어 의심치 않았던 용식이를 잃은 슬픔은 컸다. 용식이는 마을에서 처음 대학에 간 사람이었다. 용식이의 죽음은 내게 삶과 죽음을 가르는 그 막연한 두려움을 안겨준 최초의 죽음이었다. 인간은 죽는다는 무서운 단절의 엄연함을 나는 그때 깨달았다.

　얼마 동안 헤어져 있다가 어둡고 침침한 굴속에서 만나 얼싸안고 좋아하던 두 아이가 기뻐 뛰던 그 모습은 영원히 지워지지 않을 그림으로 내 마음 구석에 자리잡고 있다. 아랫도리를 벌거벗었으리라. 오랫동안 씻지 못한 몸과 얼굴이었으리라. 까맣게 그을린 두 아이의 얼굴에 피어나는 천진무구한 삶의 환희를 바라보는 어른들의 얼굴에는 전쟁이라는 두려움이 잠시 사라졌을 것이다.

첫날

 우리 동네에서 같은 반 친구들은 이름도 예쁜 금화, 태수, 현철이, 용조 형(우리보다 한 살 위인데 같이 학교를 다녔다. 용조 형은 언제까지나 우리의 영원한 친구였다), 복두, 나에게 많은 산문을 쓰게 한 우리보다 두 살이나 많은, 우리 작은어머니의 여동생인 정남이 누나, 그리고 용조 형과 나이가 같은 윤환이 이렇게 모두 여덟 명이었다. 이 아름다운 운명 공동체가 한날한시에 덕치초등학교에 입학을 했다. 코를 물고, 어설프고 아주아주 촌스럽게 옷을 입고, 검정 고무신을 신고, 어깨를 웅크리고 두려운 눈망울을 굴리며 강길을 걸어 학교에 갔다. 거기 나와 같은 모습의 낯선 아이들이 여기저기 옹기종기 양지쪽에 웅크리고 있었다. 우리 동네 친구들 중 금화는 청년 때 죽었다. 나는 그 동무들을 생각하며 어느 날 문득 시 한 편을 썼다.

금화

성은 문, 이름은 금화. 이름이 좋다.
금화 작은형은 금도였다.
큰형은 갈지자로 걷는 한길이다.
대보름 아침이면 금도 형이 우리집으로 와서 내 연을 만들어주었다.
쌍둥이네 연과 내 연은 앞산 꼭대기에서 은빛으로 다투며 반짝거렸다.
금화네 초가 마당에 배나무가 있고, 그 옆에 큰 바위에 이끼들이 파랗게 자랐다. 겨울에는 햇볕이 좋았다. 설날이면 동네 사람들이 모여 돈치기를 하며 놀았다.
뒤란 너덜겅에는 노랗게 탱자가 익고 어머니는 금화네 탱자 가시를 따다가 콧김을 쏘인 후 내 곪은 종기를 땄다.
금화는 내 동갑이었다. 애기지게를 지고 제 키보다 큰 작대기를 들고 되똥되똥 강길을 가던 금화를 생각하면 슬픔이 강물처럼 내 발밑까지 물결진다. 지금 살아 있으면 환갑이다.

환갑이라고 쓰니, 환갑이 서럽다.

우리 동네 내 동갑은 현철이, 금화, 태수, 재선이, 재석이, 나 이렇게 여섯이다.

같은 동네 같은 해 태어났으나, 금화는 청년으로 일찍 죽고

마을 앞 강변 돌멩이들같이 정다운 이름 넷은 여기저기서 따로따로 늙는다.

처음으로 마을을 멀리 벗어나 학교라는 곳을 다니기 시작했다. 입학식 첫날 운동장에 들어섰을 때 운동장 가운데에는 여러 자루의 총들이 서로 몸을 기대고 나란히 서 있었다. 윤기 나는 총 여러 무더기가 줄을 맞추어 까만 총구멍을 하늘로 향하고 모여 서 있는 모습은, 어렴풋이나마 전쟁을 겪은 우리를 잔뜩 긴장시켰다. 운동장가에는 천막이 몇 개 보였는데, 천막 속으로 군인들이 들랑거리고 있었다. 학교는 없었다. 교실이 없었다는 말이다. 전쟁 통에 학교가 불타버렸기 때문에 교실은 없고, 운동장에서 두어 계단 올라간 넓은 공터 소나무 옆에 웬 초가집 한 채가 보였다. 그 초가집으로 사람들이 또 드나들었다. 그게 교실이었다. 그 초가집을 드나드는 사람들은 키가 덜썩덜썩 큰 총각들이었다.

우리는 교실이 없었다. 교실이 없어 운동장을 빙 둘러싸고 있는 커다란 벚나무에 흑판을 매달아놓고 그 앞 맨땅에 앉아 '가갸거겨

고교구구' 공부를 했다. 선생님은 여선생님이었다. 학교에 와서 공부를 하다가 비라도 내리면 그냥 집으로 갔다. 아침에 빗방울이 떨어지면 학교에 가지 않았다. 학교에 가보면 흑판에 분필로 이런 글씨가 쓰여 있었다. "최○○ 선생은 내 것. 육군 소위 김○○." 우리는 그 글씨를 일부러 지우지 않았다.

군인들이 벽돌로 학교를 짓기 시작했다. 상급반 형들이 학교에서 멀리 떨어진 곳에서 들것으로 벽돌을 날랐지만, 겨울이 와도 교실은 완성되지 않았고, 벽만 있고 문도 지붕도 없는 곳에서 공부해야 했다. 책상과 의자도 없었다. 양쪽에 벽돌을 쌓아 넓은 판자를 얹으면 그게 책상이 되었고, 조금 낮게 벽돌을 쌓고 그 위에 판자를 얹으면 그게 의자가 되었다. 지붕이 없는 교실은 추웠다. 손이랑 발이 시리면 군인들이 먹고 버린 '간스메'(통조림) 빈 통에 불을 피워 손발을 쬐었다. 교실 위로 눈이 펄펄 날리면 집으로 돌아가야 했다.

학교에 주둔하고 있던 군인들은 미국에서 원조한 통조림이나, 딸기잼 같은 것들을 우리에게 나누어주기도 했고, 국군의 날에는 푸짐한 선물들과 함께 고무로 된 주먹만한 공을 주기도 했다. 그 공이야말로 우리에게 참으로 귀한 선물이었다. 그때만 해도 짚으로 만든 공이나 돼지 오줌보에 바람을 넣어 만든 공을 차며 놀았기 때문이다. 그러나 우리 키보다 더 높이 통통 튀어오르던 그 고무공은 그리 오래가지 못했다. 몇 번 차면 금방 닳아 어딘가로 바람이 새어나

갔다. 우리는 바람이 새는 곳을 찾기 위해 물에 공을 집어넣고 푹 눌러보았다. 그러면 아주 작은 물방울이 솟아올랐다. 그곳이 '빵꾸'가 난 자리였다. 고무신 떨어진 것을 태워 빵꾸가 난 곳을 때워보아도 뚫린 구멍만 더 커질 뿐이었다. 학교 운동장 울타리에는 탱자나무가 있었는데, 잘못하여 공이 그곳으로 날아가면 탱자나무 가시에 공이 꽂혀 대롱거렸다. 바람 빠진 공을 들고 우리는 얼마나 허탈했던가. 아무튼 우리는 그렇게 교실 없이 학교를 다녔다. 2학년이 되어서야 교실이 다 지어지고, 교실과 책상을 차지한 '정식' 학생이 되었다.

  나는 평생 덕치초등학교에서 선생을 하며 살았다. 코 흘리며 처음 학교에 들어섰을 때 그렇게 넓고 넓은 마당은 난생처음이었다. 내가 코를 물고 뛰어다니던 학교에서 평생을 지낼 줄 어찌 상상이나 했겠는가. 그때 지은 교사는 사라지고 몇 그루의 오동나무와 은행나무와 벚나무는 죽어 베어졌지만, 그때 그 소나무, 그 벚나무, 그 살구나무 들은 지금도 그대로 있다. 이 글은 그 학교 벚나무 아래 교실에서 쓴 것이다. 세월은 무심하고 쏜살같아서 나무들도 이제 늙어간다. 머리에 흰서리가 내리고 나도 늙었다. 학교에 있는 살구나무는 꽃이 피지 않는다. 몇 송이 꽃이 다문다문 핀다. 늙은 것이다. 나도, 내 모습도 아마 지금 저와 같을 것이다.

새

봄이었다.

이른 봄날 아침, 나와 주석이는 운동장가에 있는 아름드리 벚나무 아래서 놀고 있었다. 아직 땅이 완전히 녹지는 않았지만 봄은 봄이었다. 벚나무 가지 끝에 달린 꽃망울들이 겨울하고는 완전히 달라 보였다. 색과 크기가 달랐다.

커다란 벚나무에는 때까치들이 울고 있었다. 진회색과 짙은 남색의 날씬한 몸매를 자랑하는 때까치 두 마리가 나뭇가지 사이로 날아다니며 놀고 있었다. 때까치들의 울음소리는 요란했다. 벚나무 밑을 소요하던 우리는 고개를 쳐들고 때까치들이 날아다니며 장난을 치는 모습을 바라보았다. 그리고 누가 먼저랄 것도 없이 운동장에서 알밤보다 조금 큰 돌멩이를 주워 때까치들이 놀고 있는 벚나무를 향해 힘껏 던졌다.

어? 그런데, 딱 소리가 아닌, 퍽 소리가 났다. 예감이 이상했다. 우리는 놀라 고개를 반듯 쳐들고 소리가 난 곳을 향했다. 어? 저게 뭐야. 때까치 한 마리가 빙글빙글 돌며 떨어지고 있었다. 너무 놀라웠다. 빙글빙글 돌며 나뭇가지에 툭툭 부딪히며 떨어지던 때까치가 우리 발아래로 퍽, 하고 떨어졌다. 잠시 후에 때까치의 깃털 몇 개도 따라와 땅으로 가만히 내렸다. 우리는 입을 다물지 못한 채 서로 얼굴을 바라보다가 때까치를 내려다보았다. 한참을 숨죽이며 보고 있는데, 새가 꿈틀하는 것 같았다. 아니 분명히 꿈틀했다. 조금 있으니 새의 움직임이 눈에 띄게 달라졌다. 새가 감았던 눈을 뚝 떴다. 나는 움찔 놀랐다. 새가 뻐르적거리다 일어나 앉는가 싶더니, 파드닥 날개를 치며 비틀비틀 저만큼 기어갔다. 우리는 꼼짝도 하지 않은 채 새가 움직이는 것만 주시했다. 그때였다. 새가 온몸에 힘을 주는가 싶더니, 푸드덕 날아올랐다. 푸른 하늘로 날아오른 새는 운동장을 벗어나 강 건너 마을 뒷산으로 날아갔다. 우리는 한숨을 쉬며 새가 날아간 허공을 바라보았다.

새가 돌멩이에 맞아 떨어졌다가 날아가기까지 그리 긴 시간은 아니었다. 그랬다. 순식간이었다. 순식간에 일어난 이 사건은 오래오래 내 기억에 남았다. 아이들이 교실에서 우리를 부르는 소리가 들렸다. 교실을 향해 뛰었다. 뛰다가 다시 새가 날아간 허공을 바라보았다. 아침 하늘은 텅 비어 있었다. 초등학교 2학년 때의 일이었다.

살구꽃이 피는 마을

　우리 동네는 마을 형태가 길고 가구 수가 얼마 되지 않아 골목길이 거의 없다. 골목길이라야 제일 긴 게 두세 집을 지나면 끝집이고, 끝집 뒤에는 바로 뒷산이다. 골목길이 제일 긴 곳은 아랫곁 운환이네 집으로 가는 길과 우리 큰집 골목뿐이다. 우리 큰집이 길가에 있고, 큰집 앞이 오금이네 집, 그다음 큰집 옆에 복두네 집이 있고, 복두네 옆에 현철이네 집이 끝이다. 그리고 산이다. 그러니까 세 집을 지나면 네번째 집이 골목 끝집인 것이다.
　큰집 골목에는 오금이네 집 돌담에 기대선 커다란 살구나무가 한 그루 있었다. 살구나무는 키가 컸다. 길게 자란 살구나무는 사람 키로 몇 길 올라간 곳에 활짝 가지를 펼쳐놓았다. 사람이 올라가기 힘

  들 정도로 높아 살구를 따기가 만만치 않았다. 봄이 되면 이 살구나무에 꽃이 만발하여 동네 가운데에 높이 달아놓은 등불 같았다. 꽃이 질 때는 이끼가 핀 오래된 검은 돌담 위에 꽃이 하얗게 떨어지고, 길에도 하얗게 떨어져 그 골목길은 꽃길이었다. 바람이 불면 살구꽃은 오금이네 집 지붕 위를 지나 점순이네 집 지붕 위를 거쳐 태환이 형네 초가지붕 위까지 날아가 앉았다. 어머니가 복두네 샘에서 물을 길어오시면, 물동이 속에 꽃잎이 동동 떠 있기도 했다. 살구꽃이 흩날리는 길로 사람들이 물을 길어오고, 나뭇짐을 지고 가고, 아이들이 뛰어다녔다.

  그 살구나무의 열매는 참살구여서 아주 토실토실 컸다. 살구가 익으면 씨가 쏙 돌아 빠졌다. 살구는 해를 걸러 열리기 때문에 어떤 해는 많이 열리고 어떤 해는 조금밖에 열리지 않았다. 조금 열린 해의 살구는 무척 컸고 많이 열린 해는 살구가 작았다. 살구가 익으면 동네 남자들이 임신한 자기 아내에게 주기 위해 살구를 따 가기도 해서, 동네 사람들이 살구를 따 가는 젊은 남자들에게 "어이, 아내가 살구를 찾아?" 하며 놀리기도 했다.

 살구는 모내기 철에 익었다. 텃논 모내기를 하다가 잠깐 쉴 참이면 우리는 기다란 장대로 살구를 땄다. 살구나무가 오금이네 집 지붕 위로 솟아 있어서 돌을 던질 수도, 나무막대기를 던질 수도 없었다. 또 너무 높아서 나무를 잘 타는 아이들도 올라갈 엄두를 못 냈기 때문에 우리는 늘 기다란 장대로 살구를 땄다. 장대로 살구나 가지를 때리면 살구가 땅에 떨어져 상처가 났다. 상처 난 살구를 먹으면 어쩐지 맛도 그렇고 마음이 꺼림칙했다. 우리는 상처가 나지 않은 살구를 원했다. 온전한 살구를 따려면 긴 장대 끝을 쪼개야 했다. 장대 끝을 두 쪽으로 쪼개고, 쪼갠 사이에 손가락 굵기와 길이만한 나무막대기를 찔러 넣으면 가위가 날을 벌리는 모양이 되었는데, 그 벌어진 날 사이에 살구가 달린 가지를 넣고 비비 돌리면 가지가 끊어지고 그 가지를 조심조심 내리면 상처 하나 없이 깨끗한 살구를 먹을 수 있었다. 큰집 용조 형은 살구를 딸 때면 늘 혀를 밖으로 내놓고 살살 돌렸다. 형은 무엇인가 깎고 다듬을 때 늘 그렇게 혀를 돌렸다. 우리는 살구가 달린 장대 끝을 보지 않고 용조 형의 혀를 보며 웃었다. 나는 그 살구나무에 대한 시를 몇 편 썼다.

살구꽃

누님은 하루 종일 고개 들지 않았습니다.
큰집 돌담에 기대선 아름드리 살구나무 살구꽃이 한 잎 두 잎 바람에 날려
푸른 이끼 돋는 돌담 위에 가만가만 내려앉습니다.

신랑을 따라 고샅길은 잠시 두세두세 환했습니다.
텃논 한쪽 귀퉁이, 끝이 까맣게 탄 마늘들이 솟고
배웅객들이 반질거리는 텃논 논두렁에 모여 서서
흰 두루마기 강바람에 나부끼며 휘적휘적 누님 앞서 가는 키 큰 신랑을 바라보았습니다.
푸른 보리밭 너머로 매형 따라 깜박 사라지는 누님,
팔짱을 풀고 사람들이 마을로 흩어졌습니다.
살구나무 살구꽃잎들도 후후후 흩날려 손거울 사라진 누님의 빈방 지붕 위로 집니다.

전쟁이 아직 끝나지 않은 어느 날 밤이었다. 그때만 해도 밤이면 빨치산이 마을로 내려와 집을 돌며 먹을 것과 생활필수품들을 가져갔다. 양식은 물론 방을 쓰는 비도 가져가고, 고무신, 심지어 허리에 차고 있는 혁대까지 빼앗아갔다. 그 무렵 마을을 지키는 민병대가 현철이네 집에서 동네 사람들 몰래 잠복근무를 할 때도 있었다. 그 새벽녘, 느닷없는 총소리가 조용하던 마을을 찢었다. 사람들은 이불 속에서 벌벌 떨며 아침을 맞이했다. 날이 밝자 사람들은 동네 가운데로 모여들었다. 살구나무가 있는 골목에서 나오면 바로 큰집 텃논이었다. 그 텃논 물꼬 자리에 사람들이 웅성웅성 둥그렇게 모여 있었다.
　사람이 죽었다. 사람이 죽었는데, 그 사람은 빨치산이라고 했다. 어른들이 빙 둘러싸고 있어 고개를 들이밀 자리도 없었다. 어른들은 아이들을 쫓았다. "저리들 안 갈래, 빨리 집에 가 이놈들아!" 어른들이 아무리 쫓아내도 우리는 곡식을 먹다 쫓겨난 닭처럼 저만큼 갔다가 다시 모여들었다. 빙 둘러선 어른들의 다리 틈으로 언뜻언뜻 사람의 모습이 보였는데, 그 모습은 사람이라기보다는 거지들이 들고 다니는 다 떨어진 담요 더미 같았다. 느슨한 틈을 타 어떻게, 어떻게 어른들 사이로 비집고 들어간 나는 그만 기겁을 하고 말았다. 그 더러운 거지 담요 같은 옷을 입고 벌러덩 누워 있는 사람은, 귀신의 형상에 가까웠다. 놀랍게도 한쪽 귀가 없었다. 전과의 결과

물로 귀를 잘라간 것이다. 수염은 마구잡이로 길어 싸리비 같았고, 구멍이 숭숭 뚫린 모자를 쓰고 있었다. 모자의 구멍으로 수세미 같은 머리털이 삐져나와 있었다. 듬성듬성 기운 옷이며 양말이며 모자에는 삐뚤빼뚤 더러운 실밥들이 튀어나와 있었다. 까맣게 때가 낀 손톱이며, 발가락이 다 나온 양말이며 제 형상을 온전하게 갖춘 것은 하나도 없었다. 죽은 빨치산은 다 떨어진 걸레 뭉치 같았다.

깊은 밤이었단다. 민병대들이 밤에 현철이네 집에 몰래 들어와 잠을 자고 살구나무 뒤에 숨어 한 명이 보초를 서고 있었다. 그날 밤 살구나무에는 꽃이 하얗게 피어 있었다. 이따금 꽃잎이 하나씩 떨어졌을 것이다. 살구꽃 향기가 보초의 코끝을 간질였을 것이다. 물소리만 들리는 고요한 시간이 가고 있었다. 그런데, 그 조용하던 마을 어디선가 이상한 낌새가 나타났다. 그 이상한 낌새는 아침 물소리처럼 낮게 두런거리는 말소리와 조심스러운 발소리였다. 보초병은 귀가 번쩍 뜨이고 잠이 확 달아났다. 긴가민가하던 보초의 눈에 골목을 향해 걸어오는 사람의 모습이 보였다. 아니, 이 시간에? 보초는 다시 화들짝 놀랐다. 두 사람이었다. 어두운 곳에서 봐도 그들은 마을 사람의 형상이 아니었다. 어깨에 총이 걸려 있었던 것이다. 세상에 겁도 없다. 여기가 어디라고 저렇게 한갓지게 두런거리며 마을로 걸어들어오다니, 저놈들은 분명 우리 민병대가 여기 있는지 모르고 있음이 분명해 보였다.

보초는 긴장했다. 그러나 침착하게 총을 들었다. 빨치산들이 아주 한가롭게 이야기를 하며 큰집 골목을 향해 걸어오고 있었다. 보초는 두 사람이 나란히 서면 한 방으로 두 놈을 잡을 생각으로 총을 들어 안전핀을 풀었다. 찰카닥, 조용하던 골목에 조심스러운 쇳소리가 울렸다. 쇳소리가 나자 두 사람이 우뚝 멈추더니 얼른 어깨에 멘 총을 내리려고 했다. 두 사람이 나란히 선 순간이었다. 그 순간 보초는 방아쇠를 당겼다. 탕! 총소리가 잠든 마을에 울려퍼졌다. 살구꽃이 우수수 떨어지고, 마을은 두세두세 잠을 깼다가 다시 숨을 죽였다. 새벽의 난데없는 총소리는 마을을 깨워 순식간에 공포 속으로 몰아넣었다. 마을은 조용했다. 한 사람이 뒤로 벌러덩 넘어졌다. 한 사람은 도망쳤다. 보초는 고함을 지르며 쫓아갔지만 도망가는 그가 훨씬 빨랐다. 그는 어둠 속으로 사라지고 말았다. 한 사람은 죽고 한 사람은 피를 흘리며 달아났다.

아침이 오고, 우리는 도망간 빨치산이 흘린 핏자국을 따라갔다. 어디만큼 가자 핏자국은 거짓말처럼 사라져버렸다. 그 뒤 우리의 전쟁놀이에는 그 빨치산 추격놀이가 추가되었다. 아침을 먹은 어른들이 사다리를 들고 나왔다. 빈 사다리에 헌 가마니로 둘둘 말아 대충 묶은 그 사람이 얹혔다. 동네 사람들은 사다리를 떠메고 동산 자갈밭으로 갔다. 동네 사람들이 공동으로 나무를 하고 풀을 해서 모은 동네 자금으로 마련한 그 산은 한번 눈이 오면 춘삼월에나 눈이 녹는 응달진 산이다. 그 산에 자갈로 만든 무덤 하나가 봉긋 솟아 눈 내리는 겨울이면 내내 눈을 쓰고 있었다.

빨치산의 장례를 치른 날 초저녁이었다. 온 동네가 벌집을 쑤셔놓은 것처럼 수런거렸다. 회문산, 용골산, 성미산에 있는 모든 빨치산들이 우리 동네로 쏟아진 것이다. 빨치산들은 동네를 다 쑤시고 돌아다니며 모든 생활용품들을 다 쓸어갔다. 두 명씩 조를 짜서 이 집 저 집 돌아다니며 그들에게는 아무짝에도 필요 없을 것 같은, 삼베옷을 짜려고 준비해놓은 삼껍질까지 다 가져갔다. 잠들기에는 이른 시간이라 우리는 빨치산들 뒤를 따라다녔다. 여자 빨치산을 그날 나는 처음 보았다. 여자 빨치산들은 졸졸졸 따라다니는 우리와 이야기를 나누기도 했다. 그들은 하나도 무섭지 않았다. 그들은 웃고 떠들며 마치 소풍을 나온 사람들같이 한가롭게 동네를 이 잡듯 뒤지며 돌아다녔다. 어른들은 강변으로 도망가 물소리가 가장 크게 들리는 물가에 숨었다.

살구꽃이 하얗게 핀 봄날, 밤이었다.

물소리

밤이면 빨치산들이 산에서 내려왔다.
쌀이든, 보리든, 콩이든, 된장이든

감추어둔 자리를 용케도 알고 옴쏙 다 가져갔다.

혁대도 빼가고, 고무신도 벗겨가고, 빗자루도 다 가져갔다.

밤이 되면 동네 남자들은

강물 소리가 가장 크게 들리는 강변으로 피신을 했다.

늦은 밤, 강 건너로 빨치산들이 거뭇거뭇 두세두세 지나갔다.

아버지들은 바위에 붙은 물고기들처럼 납작 엎드려 물소리 속에다가

말소리를 섞는 작은 목소리로 소곤거렸다.

"어이, 저놈들 좀 보소, 저들이 시방 어디로 가까?"

지금도 나는 물소리에 섞인

아버지들의 숨죽인 말소리와

강 건너 빨치산들의 발자국 소리를

분간해내지 못한다.

아주 오래된
사진 한 장, 봄날

　봄이 되면, 햇살이 곱게 산과 강에 내리는 봄이 되면, 동네 앞 텃밭 귀퉁이에 장다리꽃이 피었다. 흰나비가 강을 건너오고, 누님들은 흰 저고리에 깜장 치마를 입고 장다리꽃 옆에 앉아 사진을 찍었다. 사진사는 얼굴이 고운 이웃 동네 총각이었다. 누님들은 다 그 총각을 좋아했다. 사진사 총각이 오면 누님들은 머리를 곱게 빗어 길게 땋아 갑사댕기를 드리고 장다리꽃을 만지작거리며 수줍게 사진을 찍었다.
　다른 동네 총각 앞에 서서 사진을 찍는다는 것은 그리 쉬운 일이 아니었음에도 부모들은 그녀들을 봐주었다. 오랜만에 분을 바르고, 입술도 빨갛게 칠한 누님들이 한쪽 어깨를 서로의 어깨에 묻으며 한 줄은 서고, 한 줄은 나란히 앉아 사진을 찍을 때, 그녀들의 얼굴엔 봄햇살이 가득했다. 어느 날 나는 누님들이 사진 찍는 것을 구경하고 있었다. 그때 어느 누님이 날 불렀다. "야, 용택아, 너 이리 와봐!" 누님들은 나를 가운뎃줄 앞에 앉혔다. 하얀 칼라가 달린, 무명으로 물들여 만든 까만 교복을 입은 나는 누님들 앞에 앉았다. 찰칵! 앞단추 다섯 개가 나란히 달린 교복을 입은 그 사진, 내 생애 처음으로 찍은 그 사진은 지금은 없다.

오래된 사진 한 장

텃밭
무 구덩이 옆에
장다리꽃 피었다
사진사 찾아왔다
수남이 누님,
요순이 누님,
삼순이 누님,
영지 누님,
순자 누님,
장다리꽃 앞에 두고

사진기 앞에

한 줄은,

한쪽 무릎 세워 앉고

한 줄은,

뒤로 나란히 섰다

배추흰나비 날아들고

하나, 둘, 예, 예, 저 뒤 분, 네, 고개를 오른쪽으로 사알짝

예, 예, 됐습니다. 자 찍습니다. 자 다시 한번 살짝 웃으시고

네, 하나, 둘, 셋, 찰깍 사진 찍었다

검정 치마

무명 흰 저고리

반듯한 이마, 이마 너머 가르맛길로 나비가 날아간다

슬프고

애잔해라 웃는 듯 마는 듯 저 봄날,

색 바랜

사진 한 장

 봄이 되면 누님들은 흰 저고리를 입고 흰 수건을 쓰고 푸른 보리밭에 앉아 김을 맸다. 밭머리의 유채꽃에는 흰나비들이 날고 누님들은 구슬프게 버들피리를 불기도 했다. 버들피리 소리가 봄볕에

녹아들고, 해가 지면 누님들은 나란히 징검다리를 건너다 징검돌을 하나씩 차지하고 앉아 얼굴을 씻었다. 누님들의 말소리는 저문 물소리만큼이나 시끄러웠다. 겨울 내내 방에만 있던 누님들의 봄날은 늘 흐르는 봄의 물소리만큼이나 소란스럽고 시끄러웠다. 누님들의 말소리는 산을 간질였다.

산천은 가난하고, 삶은 누추해도 누님들의 봄날은 참으로 찬란했다.

뱀이 있는 집

　내가 지금 살고 있는 고향집은 나의 네번째 집이다. 내가 태어난 집은 만조 형님이 살고 있는 큰집이다. 큰집과 우리 집은 길과 담을 사이에 두고 있다. 나는 그 큰집에서 태어났고, 지금 우리가 살고 있는 곳으로 제금을 나온 아버지는 아주 그럴듯한 집을 지으셨다고 한다. 어머니 말씀에 의하면 지금 살고 있는 집보다 기둥이나 서까래가 무척 큰 멋진 집이었단다. 일본으로 징용 갔다가 돌아오신 아버지는 상당히 '째'를 내는 분이었다. 6·25 전에 집에 유성기도 있었고, 자전거도 있었다고 하니 짐작이 간다. 사람들은 우리 집을 보고 "이 집은 공무원이 사는 집 같다"는 말들을 했다는데 지금도 그 이야기를 하실 때면 어머니 목소리가 사뭇 달라진다. 그 집은 6·25

전쟁 때 불타버렸다. 전쟁에서 돌아온 우리 가족은 방 한 칸 부엌 한 칸의 작은 초가집을 지었다. 집이라기보다는 작은 움막 같았다. 방이 하도 작아 어머니가 베틀을 들여놓으면 우리는 베틀 밑에서 자야 했고, 아버지는 이웃의 사랑방에서 주무셨다. 금이 간 흙벽으로는 귀뚜라미들이 들랑거렸고, 지붕은 그야말로 풀과 나무로 이어놓았기 때문에 밤에 고개를 돌리면 천장 틈으로 밤하늘의 별들이 초롱거렸다. 서까래와 마른 억새풀이 보이는 천장으로는 쥐가 지나다녔다.

　그렇게 전쟁에서 막 돌아와 초가를 짓고 살 때, 밤이면 빨치산들이 마을로 내려오기도 했다. 때문에 마을에는 전투경찰이 주둔하고 있었다. 어느 날이었다. 어머니와 함께 밭에서 돌아와 부엌에 들어가 김치를 한 가닥 손에 들고 고개를 들어 입에 넣으려는 순간이었다. 그 순간, 나는 그만 그대로 뚝 멈추고 말았다. 김치를 입에 넣으려는 모습으로 멈춘 나는 눈만 멀뚱하게 뜨고 천장을 바라보았다. 배는 하얗고, 등이 검은 먹구렁이가 몇 개의 서까래에 몸을 척 걸치고 나를 내려다보며 혀를 날름거리고 있었던 것이다.

　나는 뱀에게서 눈을 떼지 않고 슬슬 뒷걸음질을 치며 부엌 밖으로 나왔다. 그때까지 나는 김치를 손에 들고 있었다. 그리고 어머니를 불러, "뱀, 뱀, 뱀" 하며 부엌을 가리켰다. 부엌으로 들어가 천장을 바라보다가 밖으로 나온 어머니는 "하이고, 참말로 크기도 하다"

하며 입을 다물지 못하셨다. 어머니는 정신을 가다듬고는 부엌으로 다시 들어가 "어여 저리 가, 얼른 가, 쉿! 쉿! 쉿!" 하며 뱀을 쫓으셨다. 그러나 뱀은 움직일 기미를 보이지 않았다. "저런, 저것이 시방 꿈적도 안 하네" 하시더니, 어디선가 막대기를 가지고 온 어머니는 뱀을 툭툭 건드리며 쫓으셨다. 한참을 그렇게 쫓아도 뱀이 꿈쩍도 않고 혀만 날름거리자 어머니는 "안 되겠다. 총을 가지고 오래야겠다"며 보루대(첨성대같이 쌓아올린 일종의 토치카, 진지)로 가셨다. 다른 동네 보루대는 돌로 쌓아올렸는데, 우리 동네 보루대는 강변에 있는 떼를 떠서 만든 것이었다. 어머니는 보루대로 가서 총을 든 전투경찰을 데리고 오셨다. 전투경찰이 부엌으로 들어가 달래고 어르고 고함을 질러도 뱀은 꼼짝하지 않았다. 손재주가 좋아서 동네 집집마다 방망이도 만들어주고 떡살도 만들어주던 그 전투경찰 아저씨는 "안 되겠다. 총을 써야지" 하더니 뱀을 향해 총을 겨누었다. 아저씨는 뱀을 맞히지 않고 다른 곳을 향해 방아쇠를 당겼다. 딱쿵! 총소리가 고요한 마을에 쩌렁쩌렁 울려퍼졌다. 작은 나무와 풀로 엮어 만든 지붕이 들썩였다. 그래도 뱀은 꿈쩍도 하지 않았다.

난감해진 아저씨는 몇 번 입맛을 쩍쩍 다시더니, 에라 모르겠다며 다시 일발 장전하고 어깨에 개머리판을 대고 뱀을 향해 총을 겨누었다. 아저씨는 "네가 정 그렇게 안 가면 총을 쏘겠다"며 다시 한 번 뱀을 쫓았다. 뱀이 움직일 기미를 안 보이자 아저씨는 할 수 없다는 듯이 자세를 고치고 총을 고정시키더니, 뱀을 향해 방아쇠를 당겼다. 다시 '딱쿵' 하는 총소리가 마을에 울려퍼졌다. 지붕이 들썩였다. 순간 뱀이 꿈틀하더니, 피가 부엌 바닥에 뚝뚝 떨어졌다. 뱀은 여전히 움직이지 않았다. 그러자 아저씨는 다시 한번 총을 쏘았다. 총알 두 발을 맞고서야 뱀이 스르르 풀어져 부엌 바닥으로 쿵 떨어졌다. 참으로 큰 먹구렁이였다. 나는 그 뱀을 강변으로 가져가 태웠다. 그때는 뱀을 잡으면 반드시 태웠다. 뱀이 환생해서 해코지를 한다고 했다. 사람들은 죽은 뱀이라도 후환을 없애기 위해 반드시 화장해야 한다고 했다.

  그 집은 얼마 가지 않아 헐리고 그 자리에 방 두 칸, 부엌 한 칸짜리 집을 새로 지었다. 그나마 벽을 잘 바르고, 지붕도 흙을 얹은 집이었다. 새로 지은 집에서 나는 초등학교 6학년까지 살았다. 그 집은 한일자 모양이었다. 옆에는 창문이 없고, 부엌에서 큰방으로 들어가는 문이 있고, 큰방에서 작은방을 거쳐 밖으로 나가는 문이 있었다. 부엌 반대쪽으로 나가는 방문 문턱 바로 아래는 큰집 텃논이었다. 문을 열면 바로 논이었다. 논에는 모가 자라고, 개구리들이 물장구를 치며 뛰어다니고, 올챙이들이 어른들의 발자국에 고인 물에서 촐랑거리는 소리가 나 들렸다. 벼기 노랗게 익고, 벼를 베면 빈 논배미에서 아이들이 공을 차며 놀았다.

문전옥답

뒷문을 열면
바로 논이었다.
방에 누워 있으면 볏잎이
바람에 살랑거리는 소리가 들리고
노랗게 익은 벼가
가을바람에 찰랑거렸다.
닭들이 논 깊숙이 들어가
익은 벼 이삭을 따 먹으면
할머니는
방문을 열어놓고
문턱에다가 담뱃대를 탁탁 때리며
후여후여 닭들을 쫓았다.
논으로 늘어진 앵두나무 가지에
참새들이 다닥다닥 붙어
흰 똥을 내지르며
푸드득 푸드득 안달을 하다가
해 지면 더 지랄들이었다.
집집이 거름 물 다 논으로 모여들고

모낼 때

추수할 때

동네 사람들 지나가다

한가하게 앉아

구경하며 농도 하고

잔일 큰일도 거들어준다.

거름 내기 좋고

추수하기 좋아 농사일이 쉬운 대신

말도 많고 탈도 많은 논

날이 가물기 시작하면

올챙이들이 물 고인 아버지 큰 발자국 안에서

출랑거리는 소리가 들리던

내 머리맡

논.

그 집 바로 옆이 정수네 집으로 가는 고샅길이었는데, 비가 많이 오면 길이 큰 도랑이 되어 뒷산에서 물이 콸콸 쏟아졌다. 처음에는 붉은 물이 지나가고 시간이 지나면 산에서 맑은 물이 흘러와 방 옆을 졸졸졸 흘러갔다. 우리는 그 물에서 세수도 하고, 동생 목욕도 시키고, 빨래도 했다. 깊은 밤 머리맡으로 졸졸졸 흐르는 물소리를 들으며 나는 잠이 들었다. 아버지는 그 집에 헛간을 달아내어 짓고 산에서 새로 집을 지을 나무들을 베어 날랐다. 산에서 기둥감이나 서까랫감에 맞는 나무들을 베어 껍질을 벗긴 다음, 그늘에서 말려 집으로 가져와 헛간에 차곡차곡 쌓아두었다.

밤이면 뒷집 작은어머니가 바느질감을 가져와 바느질을 하며 옛날이야기를 많이 해주셨다. 작은어머니는 늘 바느질을 하며 작은아버지 이야기를 하셨다. 고개도 들지 않고 바늘로 옷을 한 땀 한 땀 꿰매거나 기우며 어머니에게 작은아버지 흉을 보셨다. 그러면 어머니는 이러셨다. "말도 마소, 우리 용택이 아부지는 더헌다네. 이 집 형제들은 왜 이렇게 바람들을 피우는지 모르겄어." "큰아버지도 그러니, 작은 큰아버지는 또 어떻고." 긴긴 겨울밤 희미한 호롱불은 어머니와 작은어머니의 이야기를 더없이 고즈넉하게 했다.

작은어머니는 또 우리에게 옛날이야기를 끝도 없이 들려주셨다. 바느질감에 고개를 푹 수그린 채 아무 힘도 안 들이고 옛날이야기를 조용조용 해주셨다. 어떤 때는 다 큰 동네 누님들이 놀러 와 남의 집 김치를 내다가 밤늦게 밥을 해먹기도 하고, 남의 집 무를 내다 깎아먹기도 하고, 부모님들 몰래 쌀을 퍼내다가 우리 집에 감추어두고, 화장품이나 불란서 실을 사기도 하고, 암재 할머니 집에서 사탕을 사다 먹기도 했다.

우리 집에는 늘 사람들이 모여들었다. 어머니는 지금도 사람 사는 집에는 사람들이 모여들어야 한다고 말씀하신다. 무엇인가 편하니까 사람들이 모여들 것이다. 큰집 막둥이도, 육채도, 작은집 딸보리도 우리 집에서 살다시피 했다. 아버지도 집에 사람이 모여드는 것을 싫어하지 않으셨다. 우리 동네에서 사람들이 늘 모여드는 집이 현철이네 집, 복두네 집, 윤환이네 집, 재호네 집, 그리고 우리 집이었다.

그 집에 살 때 어머니가 물을 길어 오시다가 물동이를 이고 넘어지는 바람에 발목이 부러져 대변을 받아냈다. 둘째는 방문 바로 아래에 있는 솥에 빠져 엉덩이를 데었고, 빨치산을 마지막으로 본 곳도 그 집이었다. 아버지는 바짝 마른 나무들을 산에서 집으로 옮겨 와 하나둘 쌓아두었다. 헛간에 쌓인 커다란 나무들이 늘어났다. 아버지는 나무를 나르는 일에 박차를 가하셨다.

어느 날이었다. 그날도 어머니와 밭에서 돌아와 부엌에 들어서는데, 어디선가 찍찍 쥐소리가 났다. 나는 그 소리가 나는 곳을 한참 동안 찾아다녔다. 쥐소리가 나무를 쌓아놓은 곳에서 나는 듯해 그곳을 기웃거렸다. 그때였다. 저 깊은 나무 밑에서 무엇인가 꿈틀거렸다. 구렁이였다. 구렁이는 저 깊고 어두운 곳에서 막 쥐를 집어삼키고 있었다. 나는 얼른 작대기 끝에 올가미를 만들어 달아 쥐의 머리를 삼키려는 뱀의 머리를 조심스럽게 올가미에 집어넣고 우뚝 잡아챘다. 뱀이 올가미에 걸렸다. 있는 힘을 다해 잡아당겼지만 뱀은 끌려나오지 않았다. 뱀은 담 속이나, 굴속에서 절대 끌려나오지 않는다는 말을 어른들한테 들었다. 잡아당기면 뱀이 비늘을 세워버린다는 것이다. 몸이 끊어졌으면 끊어졌지 뱀은 절대 끌려나오지 않는다고 했다. 그 말이 생각난 나는 우뚝 한 번 잡아당겼다가 얼른 끈을 늦추는 척하다가 또 우뚝 잡아당겨 뱀을 조금씩, 조금씩 끌어냈다. 그렇게 몇 번 반복하니 뱀이 다 끌려나왔다. 뱀은 엄청나게 컸다. 길기도 했다. 쥐를 삼킨 곳은 불룩하게 불거져나와 있었다.

그때는 참 뱀이 많았다. 큰물이 불어 커다란 나무토막이나, 큰 둥치의 보릿대들이 둥둥 떠내려오면 그 위에 커다란 뱀들이 뒤엉켜 있었다. 소낙비가 오다가 뚝 그치고 햇볕이 쨍하면 뱀들이 습기를 말리느라 밖으로 기어나왔다. 어느 날은 큰집 텃논에서 모내기를 하고 뒤란 툇마루에 앉아 점심밥을 먹고 있는데, 커다란 구렁이 두 마리가 돌담에 척 걸친 채, 서로 몸을 비비 꼬며 붙어 있었다. 우리는 밥을 먹다가 놀라 어른들을 불렀다. 어른들은 저것들이 지금 교미를 한다고 했다. 참으로 큰 구렁이였다.

사람들은 뱀을 그리 무서워하지도 않았다. 물뱀 같은 것들은 그냥 손으로 잡아 던지기도 하고, 길을 가다 뱀이 있으면 작대기로 뚝 떠서 던져버렸다. 여름 한낮 마을 앞 정자나무 아래에 앉아 있으면 뱀들이 물살을 가르며 강을 건너왔다. 닭들이 꼬꼬댁 소리를 지르거나, 참새들이 짹짹하는 소리가 유난해서 가보면 반드시 거기 구

렁이가 있었다. 구렁이가 달걀을 삼키는 모습을 우리는 자주 보았고, 참새 새끼를 삼키는 것도 늘 보는 풍경이었다.

  그 집은 내가 중학생 때 헐렸다. 바로 그 자리에 새로 집을 지었다. 지금 살고 있는 집이다. 이 집을 지을 때 맨 처음 하얀 기둥을 수직으로 반듯하게 세우던 그 모습, 하얀 기둥이 반듯하게 산그늘 내린 뒷산을 배경으로 서 있던 그 선명한 흰 수직의 선을 나는 잊을 수 없다. 우리는 그 집에서 다 자랐다. 4남 2녀인 우리 형제들은 그 집에서 어린 시절을 보냈다. 동생들은 모두 객지로 나가고 나는 그 집에 살며 시인이 되었다. 그 집으로 아내가 찾아왔고, 우리는 딸 하나와 아들 하나를 키웠다. 눈 내리고 바람 불고 새가 울고 비가 내리는 그 집은 아름다웠다. 그 집 마루에 서거나 앉거나 모로 누워도 강물이 보였다. 내 벗들은 그 집 이름을 '관란헌'이라 이름 지어주었다. 그 집에는 지금 팔순 노모가 홀로 살고 계신다. 아내와 나는 어머니와 살기 위해 내년쯤 그 집으로, 그 아름다운 집으로 돌아갈 것이다. 창호지 문에 새어든 달빛으로 시를 썼던 문학청년으로 나는 돌아가 새가 우는 밤을 뒤척일 것이다.

아! 꽃 지고 새잎 피는 봄날 아침, 새들의 청량한 목소리에 눈을 뜨며 살고 싶다.

그리운 우리 큰집

큰집

제삿날 아침
큰집 뜰방에
검정고무신들이
갈가마귀떼처럼
까맣게 흩어져 있었다.

큰집은 우리 모두의 집이었다. 우리 동네는 동향이다. 집들이 대부분 해 뜨는 동쪽을 바라보고 앉아 있다. 동네에서 남쪽을 바라보

는 집은 큰집 하나였다. 큰집 마당과 마루, 방은 늘 햇살이 가득했다. 마당 가득한 햇살처럼 큰집은 늘 사람들로 가득했다. 큰아버지는 할머니를 모시고 사셨다. 나는 할아버지 얼굴을 모른다. 나와 나이가 비슷한 동생들도 할아버지를 보지 못했다. 할아버지는 한때 엿장수를 하러 다니셨고, 산판 일을 하러 다니시기도 했다고 한다. 마음씨가 너그러워 며느리들한테 인기가 좋았다고 한다. 우리 어머니가 어쩌다가 그릇을 깨면, "아야야, 괜찮다, 괜찮아. 그릇은 깨지라고 있는 것이다. 또 사면 되지" 하시며 갓 시집온 며느리의 허물을 편하게 덮어주시곤 했다고 어머니는 회상하신다. 할아버지는 6·25전쟁 때 피란길에서 돌아가셨다.

얼굴이 약간 얽은 할아버지는 아들딸들을 많이 두셨다. 딸 셋에 아들이 오팔이까지 있으니 다섯 명, 합이 여덟이다. 대대로 외아들이거나 한둘이었다던데, 할아버지 대에 와서 자손이 획기적으로 늘어났다. 어른들의 말씀에 의하면 우리 선산이 벌통바위 위에 자리를 잡아 자손들이 벌떼처럼 불어났다고 했다. 할아버지의 자손들은 또 얼마나 아들딸들을 많이 낳았는지 모른다. 큰집만 해도 아들딸 합해서 여덟 명, 그 아래 큰아버지는 아들을 일곱이나 낳았고, 딸도 하나 낳았다. 또 그 아래 큰아버지는 아들딸 육 남매를, 그리고 우리 집도 육 남매다. 아버지 아래 작은집은 아들딸 합해 열 명이나 되었다. 육촌 당숙들도 이웃해 살았는데, 큰당숙은 아들딸 합해 일곱이고, 작은당숙은 아들딸 합해 여섯, 막둥이 당숙도 아들딸 합해 다섯이니, 벌통바위에 묘를 쓴 덕에 자손이 번성했다는 말이 나올 법도 하다. 이 모든 사람들이 한군데 모였다 하면 금방 방 몇 개와 마루와 부엌과 마당이 꽉 찼다. 할머니는 아흔네 해를 사셨는데, 할머니가 돌아가셨을 때에는 고손자들까지 모여 상여 뒤를 따랐다. 우리 동네가 생긴 이후로 상여 뒤가 가장 길었다고 한다.

 할머니 방에는 늘 사람들이 가득했다. 할머니의 자식들이 모여들기도 하고 때로 우리도 모여들었다. 할머니 방은 어쩐지 참으로 편하고 아늑했다. 우리가 모이면 할머니는 화롯불을 뒤적이며 우리에게 옛날이야기를 끝도 갓도 없이 해주셨다. 할머니는 돌아가실 때까지 담뱃대로 담배를 피우셨는데, 담배를 쭉 빨 때마다 양쪽 볼이 움푹 파였다. 담배 연기는 마치 할머니의 움푹 파인 그곳에서 나오는 것 같았다. 할머니는 하룻저녁에 이야기를 딱 세 자리씩만 해주셨는데, 이야기를 더 해달라고 조르면 늘 똑같은 말씀을 하셨다. "이놈들아, 이야기를 좋아하면 가난하게 사는 벱이여." 가난하게 살지, 부자로 살지 우리가 어떻게 먼 장래를 가늠하겠는가. 이야기를 더 해달라고 계속 조르면 할머니는 늘 아주 길고 긴, 너무 길어서 정말 짜증이 나는 이야기를 해주셨는데, 사실 그 내용은 참으로 짧았다.

이야기 세 자리가 끝이 나고, 더 조르면 할머니는 길고도 길게 아주 떠듬떠듬 뜸을 들이며 이야기를 시작하셨다. 할머니는 우리를 손아귀에 쥐고 흔드신 것이다. 우리 중 그 누구와도 눈을 맞추지 않고 한참을 그냥 눈을 지그시 감고 담배만 뻐끔뻐끔 빠시며 침이 꼴깍 넘어가게 뜸을 들이고는 이야기를 시작하셨다. "그러니까 그게 뭐시냐, 옛날하고도 옛날에 중국에 그야말로 무지무지 많은 메뚜기떼가 나타났단다." 그러고는 또 한참 엉뚱하게도 담배를 더 대통에 집어넣고 다진 다음, 뜸을 들이며 담배를 피우셨다. 담배 연기가 자욱하게 퍼진 어둠침침한 방에 긴장감이 고도로 상승했을 때 할머니는 다시 이야기를 시작하셨다.

"그리갖고는 그 메뚜기떼들이 그 넓은 중국 천지를 다 돌아댕기며 풀이란 풀은 다 뜯어먹어불고, 곡식이란 곡식은 다 먹어치우고는 고놈의 메뚜기들이 점점 남쪽으로 내려와서는 그냥 우리나라로 들어오고 말았단다." 또 담배를 서너 번 깊이 빨아들이시는 할머니 앞으로 우리는 바짝 기어가 "그래서 어떻게 되었는데?" 하며 할머니 무릎을 잡아당겼다. "그리갖고는 메뚜기들이 함경도, 피양도, 황해도를 거쳐 한양으로 내려오더니, 바로 저 김제 만경으로 들어왔더란다. 이런 나쁜 메뚜기들이라니! 메뚜기들이 그냥 김제 만경의 어느 집으로 몰려갔는데, 그 집에는 우리나라 사람들이 몇 년을 먹어도 끄떡없는 커다란 뒤주가 하나 있었단다. 뒤주가 뭐냐고? 나락이나 쌀을 넣어놓는 커다란 상자 같은 것이여. 아무튼 그 커다란 뒤주에 메뚜기 한 마리가 들랑거릴 수 있는 작은 구멍이 나 있었는데, 수없이 많은 메뚜기들이 뒤주에 달라붙었더란다. 그래설라므네, 메뚜기 한 마리가 구멍으로 쏙 들어갔다. 메뚜기가 나락 한 알을 물고 나왔다. 또 한 마리가 들어갔다 나왔다, 또 한 마리가 들어갔다 나왔다, 또 들어갔다 나왔다, 들어갔다 나왔다……"

할머니는 아무렇지도 않은 표정으로 메뚜기가 들어갔다 나왔다만 반복하셨다. 잔뜩 기대하고 있던 우리는 이렇게 메뚜기가 들어갔다 나왔다만 반복하는 것에 지루해졌다. "할머니, 빨리 다르게 이야기혀줘요" 그러면 할머니는 "가만히 좀 있어봐라. 또 한 마리가 들어갔다가 나왔다"를 반복하셨다. 그 셀 수 없이 많은 메뚜기들이

다 작은 나무 구멍으로 들어갔다 나오려면 적어도 몇 년은 걸릴 것이 뻔했다. 우리는 "에이, 할매 빨리 다 한꺼번에 들어갔다가 나오게 하면 안 돼?" 하며 졸랐지만 그 구멍으로 들어갔다 나온 메뚜기들은 아직도 스무 마리도 안 됐다. 나중에는 또 쥐가 그렇게 중국, 한국을 거쳐 일본으로 헤엄을 치며 가느라고 툼벙, 툼벙, 툼벙 끝도 없이 이어가곤 하셨다. 내가 알기로 하룻저녁에 할머니에게 어떤 식으로든 이야기를 세 개 이상을 들은 기억이 없다.

우리는 그렇게 할머니 방에서 지냈고 어른들, 어른들이라야 큰아버지 두 분과 작은아버지, 우리 아버지가 모여 노셨다. 이 이야기 저 이야기를 하시다가 모로 쓰러져 잠이 들기도 하고, 어떤 때는 느닷없이 형제들끼리 싸움이 벌어지기도 해서 집안 사람들을 놀라게 했다. 아무것도 아닌 것으로 이렇게 저렇게 이야기를 하다가 점점 의견이 맞지 않았는지 목소리가 커지면서 급기야는 큰소리가 날 때도 있었다. 그럴 때마다 할머니는 아무런 말씀도 안 하시고 "호랭이가 물어간다 시방" 하시며, 저것들이 저러다가 말겠지 하는 표정으로 담배만 피우셨다. 그렇게 큰소리가 나도 집안 사람들은 아무도 거기에 가지 않았다. 치고받는 싸움이 아니라 말다툼이었고, 또 늘 스스로 잦아들고 말았기 때문이다.

큰아버지는 소거간을 하시러 이 장 저 장을 돌아다니셨다. 그때만 해도 소를 팔고 사는 일이 돈을 가장 많이 만지는 일이어서 소를 거간하는 사람은 우시장에서 막강한 힘을 발휘했다. 큰아버지는 늘 깔끔하게 차리고 다니셨다. 임실 순창 남원 장에서 큰아버지를 모르는 사람은 아마 없었을 것이다. 나이가 드신 다음에는 소장수를 그만두고 집에 계셨는데, 오래오래 사셨다. 우리 집과 바로 이웃이어서 우리 어머니가 큰아버지를 잘 모셨고, 나의 아내도 잘 모셔서 큰아버지는 안사람을 많이 좋아하셨다.

작은집 큰아버지는 내가 다른 책에서 많이 소개했다. 투망을 잘 던지고 오래오래 마을 구장을 하셨다. 동네 울력과 일이 있을 때마다 마을 앞 큰 바위에 올라가 동네를 향해 그날 동네 할 일을 큰 소리로 외치시던 모습이 눈에 선하다. 어디서 났는지 모르지만 이발 기계를 갖고 있었다. 작은아버지는 유식하셔서 우리 면의 유지로 통했다. 조합 일에 많이 간여하시고, 나중에는 조합장도 하시고, 통일주체국민회의 대의원에 출마도 하셨다. 우리 사촌형제들이 한창 피가 끓는 청춘 시절 여기저기서 말썽을 부리면 작은아버지가 나서서 무마해주시곤 했다. 우리에겐 든든한 후원자이자 가장 무서운 집안 어른이셨다. 우리 아버지는 전형적인 농사꾼이셨다. 아버지 형제들 중 농사일로만 평생을 사신 분이 우리 아버지였다.

큰 집에는 제사가 많았다. 정월 초사흘 할아버지 제사로 시작해서 일 년 내내 제사가 끊이지 않았다. 거기다가 큰아버지 내외의 생신과 할머니 생신에까지 큰집에서 밥을 먹었기 때문에 큰집은 늘 사람들이 북적거렸다. 제사가 돌아오면 모든 식구들이 큰집에 모여 아침밥을 먹었다. 제일 큰집 식구 8명, 그다음 큰집 식구 11명, 작은 큰집 식구 8명, 우리 집 8명, 작은집 최소한 10명, 큰당숙네 식구 8명, 작은당숙 내외 2명, 셋째 당숙네 어른만 2명이니 모두 57명이다. 이 식구들이 다 안 모인다고 해도 최소한 30명은 한집에서 함께 아침밥을 먹어야 했다. 밥이든 떡이든 국이든 뭐든 녹아났다. 아침밥을 먹는 모습을 보면 큰집은 거의 전시체제였다. 마루며 부엌이며 뚤방이며, 사람들이 바글거렸다. 밥과 국을 타서 아무 데나 앉아 먹어치워야 했다. 조금만 게으름을 피우거나 한눈을 팔면 밥도 떡도 못 얻어먹었다. 그런 날 아침 뚤방엔 여기저기 흩어져 있는 신발들이 신기했다. 마치 까마귀떼가 흩어져 놀고 있는 듯한 모습이었다.

 나누어주는 음식이 마음에 안 든다고 불평을 하거나, 삐치면 저만 손해였다. 누가 챙겨주지 않았다. 달래주지도 않았다. 조금 마음에 안 든다고 투정을 부리면 온 식구들로부터 눈총을 받아야 했다. 잘못하면 평생 낙인이 찍혀 돌이킬 수 없는 쪼잔한 '삐친쟁이'가 되어버린다. 그래서 우리 집안에는 "제사 때 실추된 인격 평생 간다"라는 말이 있을 정도다. 그런 일을 당하면 어른이 되어서도 큰일 때 집안 사람들이 매번 "또 한번 삐치지그려" 하는 말을 평생 꼬리처럼 달고 다녀야 했다. 말하자면 인간적인 신뢰감을 잃어 무슨 일이 있을 때마다 두고두고 가문에 회자되어 놀림을 당했던 것이다. 국이 많든 적든, 떡의 크기가 크든 작든, 국에 닭고기를 많이 넣었든 적게 넣었든 그냥 주는 대로 먹어야 했다. 만약 삐쳐서 한쪽에 서 있으면 사람들이 힐긋힐긋 쳐다보며 "으이그 저 못난이" 하며 지나갔다. 재빨리 먹어야 눈총을 받지 않을 수 있었다. 까닥 잘못했다가는 밥도 굶고 인격적인 신용도 잃을 수 있는 일들이 허다하게 벌어졌다. 주는 대로 얼른얼른 덥석덥석 감지덕지 받아먹고, 떡 하나씩 나누어주면 들고서 책보 어깨에 메고 떡을 먹으며 그 유명한 살구나무 곁을 지나 골목을 빠져나오면 휘 한숨이 나오는 것이다. 해방의 한숨이요, 굶지 않고 아침을 잘 해결했다는 안도의 한숨이었다.

큰집이 치러야 하는 집안의 대소사는 끝이 없었다. 형제들이 자라 모두 도시로 나갔을 때도 큰집에는 누군가 있었다. 세월이 흘러 도시로 나가 사는 일에 몰두하던 형제들이 어느 정도 자리를 잡아가자 아들딸들을 데리고 추석과 설에 큰집으로 몰려들었다. 우리 집은 내가 살고 있어서 다행히 우리 형제들은 우리 집으로 왔지만, 다른 집 형제들은 산소 벌초와 집안 시제와 세배, 때로 아버지 형제들의 장례 때도 모두 큰집으로 모여들어 일 년에 몇 번씩 북새통을 치러야 했다. 도시로 나간 형제들이 경제적인 기반을 닦자 이제 선영先塋 일들을 했다. 자손들을 벌떼처럼 일으킨 그 벌통바위 위에 있는 산소를 다듬고 비석을 세우며 밥 먹고 술 먹는 일들을 모두 큰집에서 치렀다. 큰집이 무슨 죄인가. 사람들 입에서 그런 말들이 나왔다. 큰집에서 지금까지 집안의 크고 작은 일들을 치르기 위해 삶아 댄 밥만 해도 거짓말 좀 보태서 앞산 높이보다 높으면 높았지 낮진 않을 것이다. 큰집에서 우리 집안 사람들이 끓여먹은 국물이 마을 앞 섬진강 강물보다 많으면 많았지 결코 적진 않을 것이다.

담배 연기 자욱한 할머니 방, 희미한 등잔불 아래서 어둔 얼굴로 담배를 태우시던 할머니와 큰아버지와 작은아버지와 아버지의 모습이 지금도 눈에 선하다. 겨울철 무를 내다가 닳은 숟가락으로 무를 긁어 할머니를 드리면 이 빠진 입으로 오물오물 잡수시며 옛날이야기로 우리를 한껏 긴장시키던, 그 무심을 가장한 할머니의 표정이 지금도 내 머릿속에 남아 있다. 일제 식민지, 가난과 흉년, 6·25전쟁을 겪으신 백전노장의 표정은 아무리 큰일이 나도 미동도 하지 않았다.

미꾸라짓국이든 시래깃국이든 개장국이든, 무슨 국이든 그렇게 맛있을 수가 없게 국을 잘 끓이시던 큰어머니, 정 많은 수남이 누님, 장구 잘 치고 손재주가 좋은 판조 형님, 느리고 더디지만 국문과를 가고 싶어했던 만조 형님, 강에서는 물고기를 잡고 산에서는 산짐승을 잡는 데 귀신같았던 나보다 한 살 많은 용조 형님, 봉조 동생, 오채 동생, 문수 동생, 막둥이 희수 모두 정이 많고 착한 사람들이다. 형제들이 많아 동네에서 자기 형제와 싸움이 벌어져도 끝까지 참고 견디며 간여하기를 주저하던 큰집 여덟 형제들의 마음을 나는 안다.

  아, 할머니가 살아 계실 때 큰집에서 그 큰일들을 추릴 때 부산하게 오가시던 어른들은 이제 거의 다 돌아가셨다. 우리 어머니, 큰집에 사시는 만조 형님 내외, 당숙모 한 분이 지금 시골에 살고 있는 우리 집안 사람들 전부다. 이따금 이 네 분이 앉아 큰집에서 식사를 하시는 모습을 보면 나는 슬픔도 그 무엇도 아닌, 알 수 없는 감정이 복받쳐 눈시울이 더워질 때가 있다.

탄환으로 고기를 잡다

큰비가 와 큰물이 강변을 휩쓸고 지나가고 나면, 강물 속과 강변의 엉뚱한 모습이 드러났다. 강물 속에 하얗게 깔려 있던 자갈은 어딘가로 가버리고, 바닥이 깊숙이 파여 커다란 바위들이 드러나는가 하면, 강변 여기저기가 움푹 파여 작은 웅덩이들이 생겼다. 그러다가 또 큰물이 지나가면 어디선가 하얀 자갈이 쓸려와 강변과 강물 속에 하얗게 깔려 있어 우리를 놀라게 했다.

자갈이 강변이나 강물 속에 깔리면 우리는 좋았다. 강물이 얕아져 강물 속을 마음대로 돌아다닐 수가 있고, 수영하기에도 좋았다. 어떤 때는 강기슭에 가늘디가는 모래가 여기저기 하얗게 쌓이기도 했다. 그 모래밭에는 몸속이 훤히 들여다보이는 물새우가 살았다.

우리는 목욕을 하다가 강기슭 모래밭에 똥을 싸기도 했는데, 그러면 모래밭에 호랑나비가 떼로 몰려와 놀았다.

큰물이 지나간 후 강이 뒤집어지면 강변 여기저기 모래밭이며 바위 뒤, 나뭇가지 등에 실탄들이 줄줄이 걸려 있었다. 놀라운 일이었다. 큰물이 지나가면 우리는 강변을 뒤졌다. 파리똥나무 뒤나, 커다란 바위 뒤 모래밭을 지나다보면 총알이 있었는데, 그 총알이 있는 곳을 헤집고 캐다보면 세상에, 놀랍게도 굴비 두름 같은 총알 두름이 나타났다. 기관단총 총알이 줄줄이 따라 올라오면 우리는 모두 달려들어 영차영차 잡아당겼다. 그렇게 길게 엮인 기관단총 총알이 나오기도 하고, 또 어떤 때는 커다란 쇠상자가 나타나 열어보면 그 속의 작은 케이스에 총탄이 꽉 차 있었다. 우리의 가슴은 두 근에서 열 근 스무 근으로 쿵쿵쿵 뛰며 흥분했다. 총알을 들고 서 있는 동무들의 땀으로 범벅이 된 얼굴을 바라보면 모두 두려움과 기대와 흥분으로 벌겋게 상기되어 있었다.

땅속에서 총알을 다 캐내 우리만 아는 곳에 감추어두고, 다음날 엿을 사 먹을 요량으로 우선 총알을 몇 개만 빼냈다. 한 손으로 탄피를 집고 작은 돌멩이로 탕탕 때리면 총알이 쏙 빠지고 앙증맞게 생긴 화약이 개미떼처럼 쏟아졌다. 화약은 아무 데나 버리고, 탄피는 돌로 때려 우그러뜨렸다. 그리고 흙에 뒹굴려 잔뜩 더럽혔다. 오래된 탄피처럼 보이게 하기 위해서였지만, 아무리 그렇게 해도 번쩍

거리는 광은 지워지지 않았다. 우리는 헌것처럼 만든 탄피들을 모아 일요일에 엿장수가 오면 동네에서 멀리 떨어진 들길에 가서 엿하고 바꿨다. 엿장수 아저씨들은 엿을 많이도 주셨다. 우리는 그렇게 두고두고 탄피로 엿을 바꿔 먹었다.

그렇게 지내던 어느 봄날이었다. 강변에서 서서히 탄피가 사라지고 심심하던 그해 봄은 유난히 길었다. 학교에서 집에 가는 길은 더웠다. 지금처럼 날씨가 따뜻해지면 금방 봄옷으로 바꿔 입을 수가 없었기 때문이다. 우리는 봄이 와도 겨울옷을 입고 다녀야 해서 봄날 집에 가는 길은 덥기만 했다. 지루하게 학교를 오가던 그 봄날, 우리는 참으로 놀라운 것을 발견했다. 아니, 발견하고야 말았다. 복두가 똥이 마렵다며 강가 큰 바위 뒤로 똥을 누러 갔다. 우리는 복두가 오기를 기다리며 천천히, 느시렁느시렁, 흐느적흐느적, 할래할래, 봄 강변을 걷고 있었다. 그런데 바위 뒤에서 커다란 고함 소리와 함께 복두가 우리를 부르는 소리가 터져 나왔다. "야! 야! 야들아! 빨리 와봐!" 흥분된 그러나 약간은 두려움이 묻어 떨리는 듯한 고함 소리와 함께 우리 머릿속을 동시에 번개처럼 지나가는, 그 무엇, 무지 신날 것 같은 기대와 흥분의 순간이 동시에 머리를 때리고 지나갔다. '그거다 그거!' 우리는 머릿속이 환해지는 그 순간을 간직한 채 마른 풀밭을 뛰어 복두가 똥을 싸고 있는 바위 뒤로 달려갔다.

세상에! 우리는 숨도 크게 쉬지 못했다. 복두의 똥무더기 앞에 줄줄이 엮인 기관총탄 다발이 모래 속에 파묻혀 있었던 것이다. 우리는 일단 복두 똥을 치우고, 달려들어 탄피를 잡아당겼다. 잘 엮인 탄피가 하얀 모래 속에서 줄줄이 따라 나왔다. 숨이 막혔다. 총알을 다 파내고 땀을 뻘뻘 흘리며 복두가 말했다. "내가 말여, 똥을 싸면서 나무막대기로 아무 생각 없이 이리저리 모래를 파고 있는데, 뭐가 딱 걸리더랑게. 기분이 묘해서 얼른얼른 땅을 헤집어봤더니, 글쎄 탄피 똥구멍이 보이더랑게." 우리는 일단 탄피 두름을 구멍이 뻥 뚫린 커다란 바위 밑에 감췄다.

이튿날 우리는 그 바위 뒤로 가 탄피를 꺼냈다. 이렇게 저렇게 둘둘 말아둔 탄피를 보니, 또 새로 숨이 꽉 막혔다. 총알을 가운데 두고 뼁 둘러서자 다시 긴장과 기대, 그리고 실체가 손에 잡히지 않는, 그러니까 흥분한 것도 같고, 불안한 것도 같고, 신이 난 것도 같은, 아무튼 알 수 없는 감정이 우리를 휘저었다. 우선 총알을 다 빼내기로 했다. 단단한 차돌맹이를 각자 하나씩 손에 쥐고 탁탁 때려 총알을 빼내고, 책보를 하나 풀어놓고 그 위에다가 화약을 모았다. 땀이 났다. 윗옷을 벗어던지고 우리는 모두 말없이 열심히 총알을 빼내고, 화약을 모았다. 화약이 수북이 쌓였다. 탄피는 심하게 두들겨 우그리고, 총알은 멀리멀리 던져버렸다. 그러고는 책보에 싼 화약과 총알을 빼지 않은 탄환을 한 움큼씩 쥐고 용소로 갔다. 음모를, 우리의 음모를 드디어 실행에 옮긴 것이다. 모든 음모는 긴장을, 기대를, 그리고 실행할 때 침착함을 유발한다.

　우연히, 그것도 똥을 싸다가 많은 양의 탄환을 발견했으니, 우리는 그중 몇 개로 용소의 푸른 호수에 놀고 있는 고기를 잡기로 모의했다. 용소가 얼마나 고기들이 많은 호수이던가. 우리 허벅지만한 잉어, 우리 동네에서 팔이 가장 긴 성근 양반 팔뚝만한 가물치, 조금 뻥을 틀자면 오동나무 잎보다 큰 붕어, 커다란 세숫대야만한 자라가 맑은 호수에 둥둥 떠 있는 모습을 우리는 날이면 날마다 보지 않았던가. 너희들 이제 딱 걸렸다. 우리는 고기들이 많이 모여 있을 법한 호수 주변으로 향했다. 그리고 책보에 싸온 화약을 소복하게 호수 가장자리에 쌓아놓고 그 위에 파란 호수를 향해 탄환을 비스듬히 기울여놓고, 다시 그 위에 주워온 마른 나뭇가지를 쌓았다. 이어서 나머지 화약가루를 개미가 기어가는 모양처럼 구불구불 저쪽 논두렁 너머까지 길게 뿌렸다. 화약은 정말 개미들이 이사 갈 때의 긴 행렬처럼 보였다. 우리는 논두렁 너머로 몸을 숨겼다. 그러고는 화약의 끝에 불을 붙였다.

　화약 끝에 성냥불이 닿자 확 불이 붙으면서, 치지지직 치지지직 타들어갔다. 작고 길고 어여쁜 불꽃이 불길이 되어 화약을 따라 길게 타들어갔다. 우리는 숨을 죽였다. 너무나 긴장한 우리에겐 아무것도 보이지 않았다. 다만 개미를 태우며 불길을 따라가는 그 아름답고도 찬연한 불꽃을 숨죽이며 바라보고만 있었다. 드디어 불길이 화약 무더기에 닿았다. 확! 불길이 치솟았다. 봄불은 아름답다. 순간에 훅 하고 타오른 화약의 불길은 봄볕 속에 아름답게 솟아올랐다. 우리는 숨을 깊이 들이마셨다. 화약에 붙은 불길은 금세 화약 위에 쌓아놓은 나무를 태우고 있었다. 손에 땀을 쥐게 하는 순간이 지나갔다. 탕! 하는 소리가 우리의 고막을 찢고 산천을 울렸다. 놀라운 총소리였다. 우리는 귀를 막고 논두렁 밑으로 일제히 엎드렸다. 그러나 그 소리는 시작에 불과했다. 뜨거운 불에 달구어진 탄환이 동시다발적으로 탕탕탕탕탕! 터지기 시작했다. 우리는 손으로 귀를 막고 땅바닥에 얼굴을 박고 눈을 감아버렸다. 총소리는, 아니 기관단총 소리는 온 산과 강과 들과 마을을 갉겨대기 시작했다.

얼마 후 비로소 총소리가 끝이 났다. 멀리 떨어지지 않은 곳에서 일을 하던 사람들이 겁먹은 얼굴로 달려왔다. 호수 주변은 이미 불바다가 되어 있었다. 화약이 타들어가며 바짝 마른 풀밭을 까맣게 태우고 있었던 것이다. 봄의 불은 여우불이다. 불은 잘도 타오르며 여기저기 불똥을 튕기며 불을 지르고 있었다. 연기가 들로 퍼졌다. 어른들은 불을 끌 엄두도 내지 못했다. 도대체 이 대명천지에 무슨 총소리이고 또 불은 웬 불이란 말인가. 호수에서 멀리 떨어져 있는 지서에서 순경들이 자전거를 타고 달려왔다. 호수 주변은 순식간에 인근 동네 사람들로 북적거렸다. 호수는 푸른 봄하늘을 담고 잠잠했다. 이게 무슨 일인가 감을 잡지 못하던 어른들의 시선이 드디어 논두렁 뒤에서 고개를 들지 못하고 새파랗게 질려 있는 우리에게 꽂히기 시작했다.

 강변은 불타고 우리는 까맣게 불탄 자리에 무릎 꿇고 손들고 앉아 벌을 서고, 순경들한테 혼나고, 집에 가서 혼나고, 동네 어른들에게 두고두고 혼나고, 나중에는 놀림감이 되었다. 그때 기합을 받으면서도 우리는 정말 궁금했다. 콩 튀듯 날아가던 총알들이 과연 강물로 들어가 고기들을 죽였을까. 고기들이 지금쯤 호수 위에 하얗게 뜨지는 않았을까. 이튿날 그곳에 슬슬 가보았을 때 호수는 아무런 일도 없어 보였다. 화약이 불붙고 총소리가 콩 볶듯 하던 그곳에는 아무렇게나 처참하게 찢어진 탄피들이 몇 개 여기저기 흩어져 있을 뿐이었다. "아나, 고기 잡아라 이놈들아! 고기가 너그들을 잡것다 이놈들아. 어린놈들이 겁대가리도 없어." 기회가 있을 때마다 우리는 동네 사람들로부터 이 거북한 말을 듣고 살아야 했다.

 그 탄환들은 6·25전쟁 때 빨치산들이나 군인들의 탄환을 옮겨주던 동네 사람들이 짐을 지고 강을 건너면서 무거움을 덜기 위해 강물에 슬쩍슬쩍 버린 것들이었다. 그것이 그렇게 우리의 군것질을 돕고, 장난을 치게 해준 것이다. 그 뒤로 전쟁의 흔적들은 서서히 그 모습을 감추어갔다.

 이야기를 좀더 추가하자면 우리는 그때 그 쭉쭉 찢어진 탄피도

다 찾고, 감추어두었던 탄환으로 두고두고 엿을 바꿔 먹었다. 엿장수와 우리는 짝짜꿍으로 달콤한 한통속, 한편이었던 것이다. 한통속은 늘 달콤하고 즐겁다. 지금도 나는 귀를 세우면 그해 그 봄, 그 고막을 찢던 총소리가 들리는 것 같다.

두 두 두 두 두 투 당 탕 탕 산천을 울리던 그 총소리.

제 2 부

― 산과 강, 달과 샘

용소

용소는 하늘빛과 산빛을 닮은 호수였다.

용소는 우리가 다니는 등굣길에 있었다. 용소에는 용이 못 된 이무기가 산다고 했다. 그래서 그 호수를 용소라고 했단다. 얼마나 깊은지, 어른들은 곧잘 "용소는 무지무지 깊다. 명주실꾸리로 한 실꾸리가 다 들어간다. 빠지면 죽는다. 머리 푼 물귀신이 살아. 알았쟈?"라며 겁을 주었다. 우리는 그 명주실 한 꾸리의 길이에 대한 개념에 대해 그리 상관하지 않았지만, 호수의 바닥은 보이지 않았다. 용소는 늘 끝이 보이시 않는 깊이로, 사람을 쏙 빨아들일 것같이 시퍼렇게 무서운 얼굴로 우리의 겁먹은 얼굴을 담고 있었다.

용소가에는 아주 작은 산이 하나 있었다. 이름은 '댕미산'인데, 아마 오래전에 당집이 그 산 아래 있었던 모양이다. 사람들은 또 '학산'이라고도 불렀다. 아주 작은 산봉우리 두 개로 되어 있기 때문에 미치 학이 날아가고 있는 형상이었다. 우리는 그 산을 '젖산'이라고 했다. 나중에는 '부라자산'이라고 했고, 어떤 이는 '마운틴 부라'라고 했다. 이 산은 평지돌출된 산이다. 용소를 3분의 2쯤 안고 있는 산 뒤가 작은 들이고, 들 끝이 신촌 마을이다. 산 옆에는 '구림천'이라는 시냇물이 흐른다. 그러니까 이 산은 어떤 산줄기와도 연결이 안 된, 확실하게 독립된 산인 것이다.

평지돌출된 그 산과 용소의 전설은 간단하다. 옛날에 할머니가 산을 짊어지고 오다가 오줌이 마려워 산을 내려놓고 오줌을 쌌단다. 그리고 그 자리에서 할머니는 죽었단다. 오줌은 용소가 되고, 할머니가 짊어지고 있던 산은 학산이 되었다는 이야기다. 내가 생각하기엔 할머니가 오줌을 다 싸고 마을을 보니, 마을이 너무 북쪽으로 툭 터져 겨울바람을 산으로 막아주려고 그랬던 것 같다. 아무튼 그 산속에서 물이 나와 용소가 생겼는데, 산 깊숙한 곳에 이무기가 사는 방이 있고, 그 방 입구를 바재기보다 더 큰 조개가 지킨다고 했다. 그러나 그 조개도, 이무기도, 이무기가 산다는 그 네모반듯한 호숫가 산속 방도, 본 사람은 아무도 없었다. 전설은 확인하지 않고, 아니 확인 없이도 믿는다. 그리하여 비겁한 사람들을 겁먹게 하고 정직한 사람들에게는 희망을 갖게 한다.

용소는 웬만한 학교 운동장보다 더 넓었다. 물이 작은 산속에서 나온다고 막연하게 생각들만 할 뿐이지, 그 많은 물이 어디서 솟아나 호수를 유지하는지 아무도 알지 못했다. 호수에는 정말 고기가 많았다. 따뜻한 봄날 커다란 가물치가 등을 물 위로 내놓고 둥둥 떠서 한가롭게 햇볕을 즐기는 모습은 참으로 평화로운 풍경이었다. 자라들은 봄날이면 호숫가 모래밭으로 엉금엉금 기어나와 모래를 파고 알을 낳아 파묻고는 다시 엉금엉금 호수로 기어갔다. 그 모습을 우리에게 들키면 제 딴에는 빨리빨리 기어가기도 했지만 대개 우리 손에 들려 호수에 풍덩 던져졌다. 호숫가에는 호수에 제 그림자를 드리우는 부들풀이 자랐다.

학산에 올라가면 물속이 깊이 보였는데, 팔뚝만한 잉어나 붕어들이 유유히 헤엄치고 있었다. 산에는 진달래가 피어 강물에 어리고, 여름이면 물속에서 개연꽃대가 올라와 물뱀 대가리만한 노란 꽃을 피워냈다. 개연꽃은 예뻤다. 잔잔한 호수에 어리는 노란 꽃 그림자는 때로 내 마음을 잔잔하게 가라앉혀주었다.

산 끝에는 작은 논이 하나 붙어 있었는데, 그 논두렁에 호수로 길게 늘어진 버드나무가 한 그루 서 있었다. 어느 봄날, 우리는 버드나무 가지를 꺾어 버들피리를 만들 요량으로 호수로 휘어진 버드나무를 타고 호수 위까지 기어갔다. 그때, 그놈이 금화였는지, 나였는지, 현철이였는지 모르겠다. 아무튼 어떤 놈이 휘늘어진 버드나무

몸통을 타고 들어가 손을 뻗어 잔가지를 잡으려던 순간 "아이고메, 이것이 뭐시다냐?" 하고 질겁하며 허겁지겁 되돌아 나왔다. 우리는 "왜 그려, 뭐신디 그려?" 하며 그놈을 다그쳤지만 그놈은 그냥 잔뜩 겁을 집어먹은 얼굴로 "몰라, 몰라 사람 같여" 하는 것이 아닌가. 우리는 모두 뜨악했다.

 무슨 일이든 용기를 내고 앞장을 선 것은 늘 용조 형 아니면 윤환이었다. 용조 형인가 윤환인가 모르겠지만, 다시 나뭇가지를 타고 슬슬 기어가서 물속을 내려다본 용조 형인가 윤환인가가 외쳤다. "어메, 사람이여, 사람, 사람이랑게!" "분명히 사람이여, 사람이 이렇게 두 손 두 발을 떡 벌리고 헤벌레 하고 누워 있당게. 진짜여. 근디 그 사람에게 고기들이 새까맣게 달라붙어 있어." 우리는 뛰었다. 마을로 헐레벌떡 뛰어간 우리는 용소에 사람이 빠져 죽었다고 했다. 동네 사람들은 처음에는 '저놈들이 또 지랄이 났구만' 하는 표정을 짓다가 우리가 하도 겁먹은 얼굴을 하고 떠드니까, "그려 그럼 가보자" 하며 우리를 따라왔다. 사람이었다. 동네 사람들이 지서에 신고를 했다. 순경들이 오고 죽은 사람을 물 밖으로 건져냈다. 그 사람은 돌을 등에 짊어지고 칡으로 돌과 자기 몸을 칭칭 동여맸다고 했다. 물에 뜨지 않도록 그랬다는 것이다. 세상에, 돌을 짊어지고 물로 천천히 들어갔을 그 사람을 생각하면 우리는 오금이 저려왔다. 물에 잠겨 숨을 쉬지 못한다고 생각하니 갑자기 숨이 막혀왔다.

이튿날 학교를 가는데 그곳에 사람들이 웅성거리고 흰옷을 입고 머리를 산발한 여자들이 울고 있었다. 무당이 꽹과리를 때리고 장구를 치며 굿을 하고, 수탉 한 마리를 용소에 던졌다고 하는데, 그 닭은 신촌 사람이 건져다 먹었다고 한다. 우리는 그 닭을 보지 못했다. 우리는 한동안 그 호숫가로 다니지 않았다. 닭도, 돌을 짊어진 사람도 그렇고, 까마귀가 눈을 파 갔다며 흰옷을 입고 머리를 풀고 아이고아이고 울던 여자들의 모습도 무섭고, 생각만 해도 몸이 으으 떨리고 무서웠다. 이따금 물귀신에게 홀려 사람들이 그 호수에 빠져 죽었다며, 동네 사람들은 호수에는 발도 담그지 말라고들 했다. 그러나 그 말을 곧이곧대로 믿을 우리가 아니었다.

어른들의 말을 곧이곧대로 듣고 자라는 아이들은 세상에 없다. 어른들의 말을 그대로 듣고 사는 아이들은 정말 심심할 것 같지 않은가? 아이들은 어른들이 하지 말라고 일러준 것들을 어떻게 어길까 늘 연구하고 고심하고 안달한다. 우리가 어른들의 말을 제대로 들은 것은 그 사람이 발견된 후 며칠뿐이었다. '사실'만이 사람에게 겁을 주고 실질적인 영향을 준다. 사람들은 자라면서 여러 체험을 통해 '사실'을 확인한다. 사람들의 심보는 얼마나 약은가.

용소에는 물이 빠져나가는 꼬랑지가 있었다. 호수의 물이 빠져나가는 그곳은 수심이 얕았다. 학교에 갔다 오다가 더우면 우리는 옷을 훌훌 벗어던지고 용소 꼬랑지로 풍덩 뛰어들었다. 처음에는 발

목이 잠기는 곳에서, 점점 더 깊이 배꼽까지, 그렇게 나아가 나중에는 목이 잠기는 곳까지 들어갔다. 목을 내놓고 발바닥으로 호수 바닥을 탁탁 차며 통통 뛰다보면 발바닥에 돌멩이와는 감촉이 다른 뾰족한 것이 잡혔다. 그러면 우리는 잠수를 하여 발바닥에 걸린 그것을 캐냈다. 조개였다. 어른 손바닥보다 더 큰 조개가 호수 바닥에 박혀 있었다. 용소의 조개는 정말 크고 많았다. 큰물이 불면 섬진강 강물이 용소로 밀려와 용소를 발칵 뒤집어놓는데, 물이 빠진 강변에 가보면 조개가 여기저기 흩어져 있었다. 어른들은 큰물이 빠지면 망태를 메고 강변으로 조개를 주우러 다녔다. 커다란 돌이나 바위 앞 물이 소용돌이치는 곳에 조개들이 수북이 쌓여 있었다.

　용소에는 이무기가 산다고 했다. 어른들의 말에 의하면 어느 날 어떤 아낙네가, 그것도 임신을 한 아낙네가 호숫가에서 쑥을 캐고 있었다고 한다. 그런데 느닷없이 장대 같은 소나기비가 쏟아지더니, 용소 위로 무지개가 솟고 그 무지개를 따라 용이 솟구쳐오르더란다. 용이 승천을 하는 것이다. 아낙네가 그냥 가만히 보고 있었으면 용이 승천했을 텐데, 너무 놀란 나머지 그만 "용 올라간다. 용이 하늘로 올라간다!"고 크게 외치고 말았단다. 그 순간 소나기비가 뚝 그치고 무지개가 사라지더니, 용이 호수로 풍덩 떨어지고 말았단다. 용이 못 된 그 뱀이 이무기가 되어 용소에 살게 되었다는 것이다. 그후 용소 주변에 매어놓은 소들이 고삐만 남긴 채 이따금 사라지기도 했다는데, 그 말 또한 아무도 확인할 수 없다.

그러거나 말거나, 어느 해에는 용소에 고기가 하도 많아 몇 동네(물우리, 일중리, 신촌리, 장산리, 중원리, 두무리) 사람들이 모여 용소를 한번 품어보자고 했더란다. 온 동네 사람들이 다 모여 하루 종일 물을 다 품었는데 글쎄 용소 바닥에는 그 많던 조개나 피라미 새끼가 한 마리도 없더란다. 놀라운 일은 이튿날 벌어졌다. 피라미 새끼 한 마리 잡지 못했던 용소 주위 강변에서 고기 썩는 냄새가 주변 삼사 동네까지 진동해서 사람들이 강변에 가보았더니, 아 글쎄 고기와 조개 들이 강변에 여기저기 깔려 썩고 있었다는 것이다. 이 놀라운 일 또한 그 누구도 확인한 바는 없다. 다만 이런저런 용소의 이야기들이 전설이 되어 전해지고 있을 뿐이다.

용소는 우리나라 곳곳에 많이 있다. 우리나라 곳곳에 있는 용소나, 용의 굴속에는 지금도 용이 못 된 이무기들이 살고 있다. 용은 민중의 세상을 의미하고, 이무기는 민중이 바라는 세상의 좌절을 의미한다. 아직도 우리가 사는 세상에 용소가 있음을 알아야 한다. 아직도 용을 기다리는 민중이 있음도 알아야 한다. 꿈은 사라지지 않고, 인간은 꿈을 놓지 않는다. 용은 꿈이다. 꿈을 창조하고 꿈을 키우고 꿈을 이루기 위해 인간은 산다. 포기할 수 없는 꿈을 꾸는 것이 인간 아닌가. 그 꿈을 만드는 것이 시인이다.

겨울이 되면 용소는 꽁꽁 얼었다. 살얼음이 얼 때 작은 돌멩이를 얼음 위로 던지면 참으로 경쾌한 얼음 울리는 소리가 산과 산 사이로 퍼졌다. 작은 돌멩이를 굴릴 수 있는 살얼음이 얼고, 그 살얼음 위를 미끄러지며 또는 굴러가며 작은 돌멩이들이 내는 챙챙거리는 소리가 나는 좋았다. 작은 돌멩이도 받을 수 없는 얇은 살얼음이 얼었을 때 작은 돌멩이를 던지면 얼음이 팍 깨지고 돌이 얼음 속으로 쏙 들어갔다. 그 작은 돌멩이가 일으킨 물결에 살얼음이 깨지고 그 잔물결을 따라 얼음이 깨지는 파열음은 보기도 듣기도 좋았다. 얼음이 꽝꽝 얼면 어른들이 얼음 언 강에는 절대 들어가지 말라고 협박을 했다. 그러나 온갖 협박과 으름장도 우리에게는 소용이 없었다. 얼음이 얼면 우리는 큰 돌로 얼음을 깨서 두께를 확인해보고 얼음 위에서 놀았다. 얼음이 얼면 평소에는 갈 수 없었던 학산 밑 이무기가 살고 있다는, 그 이무기를 지킨다는 조개가 사는 커다란 바위까지 갈 수 있었다. 거기는 늘 싸늘하고 냉랭한 기운이 감돌아 소름이 돋고 머리털이 곤두서기도 해서 무서웠다. 거기까지 가려면 용기가 필요했다.

 오랜 세월 동안 나는 용소가를 걸어다녔다. 어느 해엔가 용소 한 귀퉁이를 메꾸더니, 또 어느 해에는 불도저로 용소를 다 메워버렸다. 논이 된 것이다. 이제는 그 논도 뒤집어 강둑을 쌓고 있다. 꿈이 사라진 것이다. 돈이, 개발이, 용이 올라간다고 외치는 아름다운 전설을 깔아뭉갠다. 흙 속에 묻힌 용소와 그 속에 묻힌 우리의 꿈은 숨이 막혀 죽었을까.

  우리는 지금 우리가 살아갈 땅을, 우리가 기다려야 할 용을 스스로 죽이고 있다. 용이 숨쉴 곳을 스스로 시멘트로 틀어막고 있다. 용이든, 작은 피라미든 목숨은 같다. 그들이 살 수 없는 땅은 우리도 살 수 없다는 것을 알면서도 우리 모두 미쳐가고 있다. 용은 진정 다 죽었단 말인가. 아니면 또 어디로 몰래 도망을 가 승천하기를 기다리고 있는 것일까.

  용이 되지 못한 이무기들의 꿈은 이제 완전히 사라진 것일까. 우리는 다 망한 것일까. 우리는 지금 스스로 그 꿈을 죽이는 것은 아닐까. 꿈이 없는 세상은 슬픔도 기쁨도 없고, 오직 더러운 탐욕과 오만이 있을 뿐이다. 파괴가 있을 뿐이다. 스스로 목을 조르고 있는 희망의 용을 살려내야 한다. 용을 죽이는 일을 중단해야 한다. 지금처럼 생태와 순환의 고리를 끊어가며 산다면 우리의 용은 정말 되살릴 수 없을지도 모른다. 지구 곳곳에서 자행되고 있는 용소 메꾸기 사업들을 지금 당장 그만두어야 한다.

더덕의 전설

　강길을 따라 학교를 가다가 징검다리를 건너면 바로 신작로였다. 신작로가에는 아주 작은 초가집 두 채가 길모퉁이 양지바른 곳에 있었는데, 그 초가집들은 주막이었다. 주막집은 마치 조선 시대 화공이 그린 작은 주막 같은 분위기를 갖추고 있었다. 지금도 눈에 선하다. 뒤에는 감나무가 있었다. 붉은 감이 달린 늦은 가을날의 그 주막 풍경은, 내게 문기가 자르르 흐르는 한 폭의 문인화로 남아 있다. 내가 화가가 아니어서 그려 보여줄 수가 없어 아쉽다. 그 작은 주막에서 할머니들이 술과 고기를 팔았다. 신작로에는 주먹만한 자갈들이 깔려 있었다. 어쩌다가 차가 지나가면 먼지가 구름처럼 피어올랐다. 날이 조금만 가물면 찻길가에 있는 풀과 돌과 나무는 비가 올 때까지 먼지를 뿌옇게 쓰고 있어야 했다.

　작은 주막집에서 한참을 학교 쪽으로 걸어가면 늘 더덕 냄새가 났다. 우리는 입학식을 하러 간 날부터 졸업할 때까지 더덕 냄새를 맡으며 학교와 집을 오갔다. 잎이 피기 시작하는 봄에는 냄새가 더 진하게 났다. 길가 어딘가에 꼭꼭 숨은 그 더덕은 은은하게, 때로는 바람에 스친 듯, 때로는 진하고 강렬한 향기로 코를 킁킁거리게 만들었다. 마를 잘 캐고, 토끼를 그 누구보다도 잘 잡고, 물에서 그 누구보다도 고기 잘 잡기로 소문이 난 윤환이나 용조 형도 냄새의 주인공인 그 더덕을 졸업할 때까지 찾지 못했다.

　몇 번이나 작심을 하고 냄새를 따라가 더덕을 캐겠다고 아이들이 모두 코를 벌름거리며 나섰지만, 그러면 더덕 냄새는 감쪽같이 사라졌다. 우리는 산신령이 둔갑해서 우리를 홀린 것이라고까지 했다. 이 길을 지나가는 동네 어른들도 더덕 냄새를 맡으며 "거참, 더덕 냄새 한번 지독허다" 했지만, 아무도 그 더덕을 찾지 못했다. 홀로 걸어갈 때는 냄새가 더 났다. 사람들이 더덕 잎사귀를 모를 리 없다. 깊은 산속도 아닌데 아무도 그 더덕을 찾아 캐지 못했다.

　나는 선생이 되어서도 그 냄새를 맡으며 그곳을 지나다녔다. 그러다가 그 길에도 결국 아스팔트가 깔리게 되었다. 길을 넓히기 위해 포클레인이 더덕 냄새가 나는 곳을 밀어버린 것이다. 냄새는 사라져버렸다. 수십 년 동안 우리의 코를 간질이고, 머리를 띵하게 하고, 수많은 사람들에게 궁금증을 불러일으켰던, 그러나 한 번도 그 모습을 보여주지 않았던 더덕이 냄새와 함께 마침내 사라져버린 것이다. 끝끝내 제 모습을 보이지 않고 말이다.

　숙제를 안 해서 벌을 받고, 친구들과 싸웠다고 벌받고, 홀로 늦게 집으로 갈 때 잠시 딴생각을 하게 해주었던 그 냄새. 그 더덕은 우리에게는 전설이었다. 지금도 마음만 먹으면 그 향기로운 냄새가 내 코끝을 살짝 스치고 지나간다.

구장네 솔밭

구장네 솔밭은 학교 가는 길에 있었지.
구장네 솔밭에는 작은 소나무들이 있었어.
키 작은 소나무, 앙당앙당한 소나무, 비 맞으면 몸이 검어졌어.
소나무 위에 작은 새들이 집을 짓고,
칡들은 땅 위를 멀리멀리 기어갔지.
철쭉꽃이 피는 봄이 오면
키 작은 소나무 아래 가랑나무 잎 속으로
물새들이 날아와 집을 짓고
푸른 벌레들을 물고 들어간 가랑나무 속엔
빨간 맨몸의 새끼들이 있었지.

구장네 솔밭엔 검은 바위들이 많았어.

이끼가 낀 검은 바위 뒤에 숨어 똥을 싸면 뱀들이 지나갔어.

다람쥐들이 지나갔어.

토끼들이 뛰어오다 문득 멈춰 바라보다 뛰어갔지.

키 큰 노루가 솔밭을 지나 들로 뛰어가면 우리가 쫓아갔어.

구장네 솔밭에는 딸기들이 많이도 익었지.

붉은 함박 딸기를 따서 파란 칡잎에

얹으면, 아! 다디단 그 딸기를 먹기 아까웠어.

작은 소나무에 바람이 불면

휘휘휘 휘파람 소리가 들렸지.

그 작은 소나무 위에 눈이 쌓이면

오! 세상에 그렇게 아름다울 수가 없었지.

내리는 눈을 소나무가 다 받아 머리에 이어버리면

그 소나무 아래에 눈이 없었어.

우리는 그 소나무 아래 서서 시린 발을 녹였지.

구장네 솔밭에는 아그배나무꽃이 피었어.

구장네 솔밭가에는 붓꽃이 피었어.

구장네 솔밭에는 칡꽃이 피었어.

구장네 솔밭에는 찔레꽃이 피고,

강가에는 붉은 넝쿨 찔레꽃도 피었지.

구장네 솔밭, 그 끝에서 용소가 시작되었어.
구불구불 작은 오솔길들, 그 환한 길로
비 오면 비 맞고
눈 오면 눈 맞고
바람 불면 바람 맞고
해 뜨면 해 이고
다니던 길, 먼 물소리 멧새 소리
꿩 후두둑 날아오르던 그 구장네 솔밭길
풀밭 속에 난
그
작고
환한, 사람들이 오래오래 걸어 수많은 발길로
만든
길
그 길이 있는 구장네 솔밭.

칫솔, 흰 수건,
    비누, 흰 런닝샤쓰

　마을 한가운데에는 허드레 샘이 있었다. 먹지는 않지만 그 물을 떠서 걸레도 빨고, 채소도 씻고, 세수도 했다. 불이 나면 그 샘물이야말로 마을의 '소방수'였다. 그 샘은 마을 사람들의 공동 우물이었다. 그 샘물을 중심으로 동네를 윗곁, 아랫곁으로 나누어 줄다리기도 하고, 공차기도 하고, 씨름도 하고, 동네 공동 작업도 했다. 물의 양이 아주 많아 약간 가문 해에도 그 샘은 마르지 않았다. 나는 그 샘을 두고 이런 시를 한 편 쓰기도 했다.

헛샘

동네 가운데 헛샘 있었다.
아무리 가물어도 물 마르지 않았다.
세수도 하고, 걸레도 빨고, 미나리꽝과 텃논 물도 대고, 동네 불 나면 그 샘물로 불도 껐다.
그 샘 중심으로 윗곁, 아랫곁 편 나누어
줄다리기하고, 짚으로 만든 공 차고, 씨름하고, 자치기했다.
공동으로 쓰다보니, 늘 물 나가는 도랑이 막혀
실지렁이들이 사는 해치가 물길을 막았다.
현철네 할머니, 막힌 도랑 치우며
급살을 맞을 년놈들, 어질러놓기만 하지
누구 하나 치우는 년놈들 없당게.
아무나 치우면 되지, 손목댕이가 부러지나 어디가 덧나나
양 소매 걷어붙이고 맨손으로 후적후적 막힌 도랑 쓰레기 다 치웠다.
그러다가 미꾸라지 나오면
한 마리 두 마리 잡다가 나중에는
샘을 품어 미꾸라지 잡았다.
샘물 다 품어내면

누런 미꾸라지들이 물구멍 물을 따라 수도 없이 나왔다.
구경꾼들 하나 둘 모여들었다.
샘가에 뺑 둘러서서
여기도 한 마리 저기도 한 마리 가리키며 도왔다.
미꾸라지 다 잡고 나면 새 물 넘쳐
도랑으로 시원하게 쑤욱 잘도 빠져나갔다.
동네 사람들 속이 다 시원했다.

어느 날 아침이었다. 여름이었을 것이다. 무슨 일이었는지는 모르겠다. 하여튼 나는 그 샘가에 있었다. 동네 젊은 사람들이 한창 서울로 도망을 가기도 하고, 부모 허락을 받아 서울로 가기도 하던 때였다. 어른들 몰래 퍼낸 곡식을 판 돈을 가지고 서울로 도망갔다가 일주일도 못 살고 다시 고향으로 돌아오기도 했다. 서울을 그렇게 '왔다리 갔다리' 한 형들일수록 "그랬니? 저랬니? 얘들아 칙간(측간, 화장실)이 어디니?" 하는 엉터리 서울말을 잘했다.

그렇게 동네가 어수선하던 어느 날 아침, 그 샘에 눈이 부시도록 흰 등짝이 보였다. 하얀 피부에 흰 런닝샤쓰를 입은 사람이 세숫대야에 엎드려 머리를 감고 있었는데, 머리에는 생전 처음 본 흰 거품이 수북하게 쌓여 있었다. 놀라웠다. 어쩌면 저렇게 흰 거품이 많을 수 있단 말인가. 거품을 물로 다 제거한 그 사람이 일어섰다. 우와!

그분은 오랜만에 고향에 온 동네 형이었다. 그 형은 흰 수건으로 머리를 이리저리 닦더니 수건을 양손에 잡고 팽팽하게 당긴 다음 머리의 물기를 탈탈탈 털었다. 흰 수건에 의해 공중으로 털린 작은 물방울들이 앞산을 넘어온 아침햇살을 받아 눈부시게 부유했다. 놀라웠다. 흰 수건, 흰 피부, 흰 런닝샤쓰. 넋을 놓고 자기를 바라보고 있는 나를 보더니, 형은 "뭘 봐, 인마" 하며 씩 웃었다. 이빨까지 희게 빛났다. 어떤 날에는 그 형이 강으로 세수를 하러 가기도 했다. 그는 흰 런닝샤쓰를 입고, 흰 수건을 목에 두르고, 흰 거품이 이는 칫솔로 이를 닦으며 강물로 나갔다. 한 손에는 흰 거품이 이는 빨간 비눗갑을 손에 들고. 우와! 정말 눈이 부셨다.

복두네 집 샘

육촌 당숙의 큰아들 복두는 나보다 한 살 아래다. 나와는 동기 동창이다. 복두네 집은 살구나무가 있는 골목의 끝집이다. 집 뒤는 바로 산이다. 오른쪽은 앵두나무가 있는 현철이네 집, 왼쪽은 큰형님 댁, 바로 앞집은 우리 큰집이다. 복두네 집에 지금은 동환이 어른이 사신다. 현철이네 집과 복두네 집 돌담에는 앵두나무 한 그루가 있는데, 앵두나무는 현철이네 집에 있지만 앵두꽃은 복두네 집 쪽으로 더 많이 피고, 앵두도 복두네 집 쪽에 더 많이 열린다. 집 뒤꼍에는 감나무가 여러 그루 있고, 키 큰 똘배나무도 한 그루 있는데, 봄이면 흰 배꽃이 예쁘게 피었다. 복두네 아버지, 즉 나의 당숙은 소보다 더 느리다. 내 글에서 여러 번 썼지만 소낙비가 쏟아져도 당숙은 절대 뛰지 않았다. 동네에서 당숙이 뛰는 모습을 본 사람은 아무도 없다. 나무를 하러 앞산을 올라가는 당숙을 지켜보는 사람들은 애가 다 터질 지경이다. 말 그대로 '깐닥깐닥'이라는 말이 딱 어울리는 분이다. 당숙은 징잡이였다. 어쩌면 그렇게 당숙하고 어울리는지 모른다. 느리고 더딘 당숙의 징소리는 은은하고 멀리 갔다. 이 산 저 산에 부딪히고 이곳저곳을 때리며 산천을 어루만지는 당숙의 징소리는 나중에 물결이 되어 강물을 따라 강굽이를 돌아 섬진강 끝 하동 모래밭까지 가서 잔물결을 만든다. 동네 사람들은 당숙의 징소리가 강물에 실려 하동까지 간다고 했다.

 우리 동네에는 샘이 다섯 개쯤 있었다. 서른 가구 넘는 사람들이 이 다섯 개의 우물 물을 먹고 살았다. 복두네 집 뒤란에도 아주 작은 샘이 하나 있다. 옹달샘이다. 이 우물물이 우리 동네에서 가장 시원하고 깨끗하다. 한여름 들일에서 돌아온 사람들은 거의 이 샘물을 떠다 타는 목을 적시고 더운 몸을 식혔다. 큰 주전자에 샘물을 길어오면 주전자에 이슬방울이 맺혔다가 뚝뚝 떨어졌다. 보통때는 이 우물물을 우리 집, 현철이네 집, 큰집이 먹고, 어떤 때는 오금이네 집 식구들도 먹었지만, 가물 때는 윗곁 사람들이 다 이 샘물을 먹고 살았다. 약간 가물어도 이 샘물은 마르지 않았다. 무더운 여름날 어머니와 아버지가 일터에서 돌아오시는 걸 보면 나는 얼른 복두네 집에 가서 주전자 가득 물을 길어왔다.

 이 샘은 아주 작다. 물의 깊이도 바가지가 넘지 않을 정도로 얕다. 사람들이 없을 때는 가재가 나와 놀다가 사람들이 다가가면 얼른 바위틈으로 들어갔다. 물을 길을 때는 무릎을 땅에 대고 허리를 약간 굽혀야 했다. 누님들이 허리를 굽히면 길게 딴 머리가 물에 닿았다. 살구꽃이 핀 봄날, 흰 저고리를 입고 물동이를 이고 똬리 끈을 물고 살구나무 아래로 걸어오는 누님들의 눈 내리깐 모습은 아름다웠다. 애잔하고, 애틋하고, 때로 아무 이유 없이 슬펐다. 가을이면 그 우물로 단풍물 든 감잎이 떨어지기도 하고, 봄날이면 흰 배꽃이 떨어져 있기도 해서 누님들은 꽃잎과 감잎을 가만히 밀어내고 물을 길었다. 어떤 때는 홍시가 우물로 떨어져 있기도 했다. 시원하고 맑고 깨끗한 파란 하늘이 빠져 있던 그 샘은 지금도 있다. 그 샘을 본 지 오래되었다. 어느 날 나는 그 샘을 생각하며 시를 썼다.

우물

누님들이
복두네 집
뒤란
샘물 길어갈 때
배꽃 꽃잎을 가만가만
밀어내고
깊고 깊은 하늘에 빠진
자기 얼굴도
한 바가지 두 바가지
조심조심 길어갔다.
동네 떠나 시집갈 때
자기 얼굴들
자기가 다 길어갔다.

달을 품고 자다

　여름밤이면 초등학교 들어가기 전의 아이들만 빼놓고 동네 남자들은 거의 다 강변 잠을 잤다. 어른들은 이슬을 피해 강 언덕에 있는 정자나무 아래에서 잤다. 정자나무 아래에 모깃불을 피워놓고 잠을 잤다. 잠을 자다가 일어나보면 정자나무 아래에서 어른들의 두런거리는 이야기 소리가 물소리처럼 들렸다. 어른들은 늦은 밤 느닷없이 큰 소리로 싸워서 동네를 놀라게 하기도 했다. 동네 청년들은 마을에서 조금 떨어진 벼락바위 위에서 잤다. 거기는 늘 시끄러웠고, 때로 너무 조용했다. 그 벼락바위에서 형들은 서울로 도망갈 일들을 도모하기도 하고, 아무 밭에서나 옥수수를 꺾어다가 삶아먹기도 했다. 달이 높이 뜬 밤이면 형들은 잠을 잘 수 없는지 밤늦도록 떠들고 놀았다. 아직 어린 우리는 동네 앞 강변에서 잤다.

저녁밥을 먹은 사람들은 낮 동안 더워진 몸을 식히기 위해 강으로 갔다. 밤이 되어 공기는 식었지만 강물은 식지 않고 뜨뜻미지근해서 몸을 담그기엔 아주 안성맞춤이었다. 캄캄한 어둠 속 강물에 몸을 담그고 앉아 있으면 시원했다. 강물 속에는 다슬기가 많기도 해서 더듬더듬 다슬기를 잡기도 하고, 맨살로 다가와 살을 콕콕 쪼는 고기들을 훔쳐 잡기도 했다. 밤이 깊으면 여자들이 미역을 감으러 나왔다. 달이 없는 캄캄한 밤이면 누님들이 징검다리로 미역을 감으러 조용조용 나왔다. 우리는 이따금 손전등을 가지고 가서 누님들을 향해 번쩍 불을 켰는데, 그럴 때마다 비명 소리가 밤하늘로 울려퍼져 일찍 잠든 별을 깨우기도 했다.

달덩이

달 없는 늦은 밤
누님들은 징검다리에서 목욕을 했다.
어느 날 밤
손전등을 들고
살금살금 다가가
번쩍 불을 켰다.

허연 엉덩이들이
　　달덩이처럼 붕 떴다가
　　비명과 함께
　　사라졌다.

　초여름이 되면 우리는 강변에 나가 여름 동안 잠잘 곳을 정했다. 강변을 돌아다니며 납작하게 생긴 공책만한 돌들을 주워 모아 구들처럼 땅에 깔아 방을 만들었다. 형제가 많으면 넓게, 형제가 적으면 좁게 구들을 반듯하게 놓고 등이 배기지 않도록 넓적한 돌 사이사이에 모래와 잔자갈을 넣어 수평을 잘 잡았다. 그리고 그 위에 가마니때기를 깔고 구들 둘레에 무릎 높이만큼 성을 쌓았다. 그러면 아주 훌륭한 성같이 아늑한 방이 되었다.

　날이 더워지고 모기가 극성을 부리는 여름이 시작되면 우리는 저녁을 먹기 바쁘게 헌 '오바'나 얇은 이불보, 아버지의 헌옷을 챙겨들고 강변의 그 '성'으로 갔다. 강물에 들어가 몸을 식히고 낮 동안 뜨거운 햇살로 달구어져 뜨뜻한 '방'으로 들어가 가마니때기 위에 드러눕는다. 아! 하늘을 보고 누우면 밤하늘의 별들이 손에 잡힐 듯이 마 가까이 내려왔다. 우리는 각자 방에 누워 별을 헤며 놀았다. 이 산 저 산에서는 소쩍새가 울고, 어두운 산그늘 속에서는 반딧불이가 반짝이며 날아다녔다.

이른 저녁 개밥바라기별이 어린 별을 하나 데리고 저만큼 다가오면, 북쪽에는 뚜렷하게 북두칠성이 떴다. 북두칠성은 국을 푸는 국자 모양이었는데, 우리 동네 아이들은 모두 그 별을 정확히 알았다. 그런데 단 한 사람 현철이는 그 별을 끝내 찾지 못했다. 지금도 우리는 그 이야기를 하며 현철이가 왜 그렇게 큰 별 일곱 개를 찾지 못했는지 의문을 풀지 못하고 있다. 북두칠성의 끝별을 쭉 따라가면 북극성이 있다. 밤이면 내 눈길을 사로잡았던 그 또렷한 북극성의 별빛을 지금도 나는 잊을 수 없다.

잠이 들기 전에 우리는 별을 세었다. 별 하나 꽁꽁, 별 둘 꽁꽁, 별 셋 꽁꽁, 별 넷 꽁꽁, 그렇게 별을 세다보면 나도 몰래 별 속으로 빠져들어 스르르 잠이 들곤 했다. 아득한 물소리, 소쩍새 소리, 휘휘 휘파람새 소리, 밤은 촉촉이 젖어가고 우리는 잠이 들었다. 잠이 올락 말락 가물가물할 때 별들이 우리를 보며 꼭 초롱초롱 웃는 것처럼 느껴질 때도 있었다. 잠든 얼굴 위에서도 밤새들은 울고, 별들은 반짝거렸다. 달이 훤하게 산을 밝히며 떠 있을 때도 있었다. 달이 뜨면 별들은 희미하게 남청색 하늘 속으로 숨었다. 작은 별 하나가 늘 달을 따라다녔다. 우리는 그것이 아기별인데, 엄마에게 젖을 달라고 조르며 그렇게 따라다닌다고 했다. 나는 그 밤들을 생각하며 시를 한 편 썼다.

어린것

더운 여름엔
강변 바위
위에서
잠을 잤다.
달 높이
뜬 밤
홀로 깨어
오줌 누고 자리에 누워
홀로 물소리 들으며
이리 뒤척
저리 뒤척
어린것이
잠 못 들다.

 달이 높이 떠서 잠든 우리 얼굴을 내려다보며 서쪽으로 기울어가던 그날 밤, 나는 깊은 밤에 홀로 깼다. 오줌이 마려웠다. 달이 환하게 떠 있었다. 아! 달빛은 산과 산 사이에 있는 모든 것들을 다 비추고 있었다. 환했다. 소쩍새가 울었다. 물소리가 들렸다. 물소리는 어른들이 두런두런 이야기하는 소리 같았다. 달은 정말 높이 떠 있었다. 하늘도 환했다. 달빛에 부서지는 저쪽 강물이 서로 무슨 말을 주고받는 것 같았다. 나는 강기슭 바위 위에 서서 강물에 오줌을 누었다. 오줌이 강물로 떨어지면서 물결을 일으켰다. 아이들이 뒤척이며 잠꼬대를 했다. "형, 형, 자라가 직선으로 나갔다"고 누군가 소리쳤다. 낮에 고기를 잡으며 현권이가 자기 형인 현철이에게 했던 말을 꿈속에서 다시 한 것 같았다. 현권이는 뒤척이다가 입맛을 다시며 또다른 고기를 쫓는지 음야음야 중얼거렸다.

달빛이 떨어진 아이들의 얼굴은 모두 편안해 보였다. 내 잠자리로 가서 누웠다. 잠이 오지 않았다. 동생 둘이 차낸 이불을 끌어다가 덮어주었다. 나는 멀뚱멀뚱 잠이 오지 않았다. 달이 똑똑하게 높이도 떠 있었다. 새들이 울었다. 반딧불이들이 이리저리 날아다녔다. 동네는 불빛 하나 없었다. 고요하고 적막했다. 나는 잠이 안 와울 것 같았다. 눈물이 나오려고 했다. 일어나 앉았다가 도로 누웠다. 두 눈을 꼭 감았다. 달이 내 눈 속으로 따라 들어왔다. 눈을 또 뚝 떴다. 새가 울었다. 저 아래쪽에서 물소리가 들렸다. 밤이 깊어갔다. 밤의 끝에 와 있는 느낌이었다. 뒤챘다. 이를 가는 아이들이 있었다. 나 혼자 깨어 있다고 생각하니, 또 눈물이 나오려고 했다. 나는 돌아누웠다. 돌아누운 자리로 달이 찾아왔다. 나는 달을 안았다. 그리고 이제 뒤채지 않기로 했다. 먼 곳에서 아득하게 물소리가 사라지고 새소리가 옅어졌다.
　나는 그 밤 그렇게 울다 잤다.

현철이네 집

현철이네 집은 동네 한가운데에 있다. 집 뒤는 바로 산인데, 동네에서 제일 큰 당산나무가 있어 현철이네 집 지붕까지 가지를 드리우고 있다. 동네의 나이와 비슷해서 한 500년쯤 되었다는 이 당산나무는 어마어마하게 커서 누구도 올라가지 못한다. 너무 신령스러워서 괴기스럽게 보일 때도 있다. 동네 사람들은 이 나무의 가지 하나라도 땔감으로 쓰지 않았다. 그만큼 신성시했다. 오래전에 죽은 큰 가지가 있는데, 그 가지에는 잎이 피지 않아 늘 검은색을 띠고 있다. 거기에 까치집이 있다. 온갖 새들이 날아와 울고 어떤 때는 전혀 보지 못한 새들도 날아와 울어 나무를 한참이나 올려다보게 한다. 봄이 되어 크고 우람한 당산나무 실가지 끝에 연두색 푸른 새잎이 돋는 것을 보고 사람들은 그해의 농사를 점치기도 한다.

아무튼 그 나뭇가지가 현철이네 집 지붕까지 늘어져 있어서 그 집에서 놀다가 밤에 오줌을 누러 밖에 나가 나무를 바라보면 어쩐지 으스스할 때도 있었다. 그렇지 않아도 오줌을 누면 몸이 부르르 떨리는데, 그 나무를 보면 몸이 더 떨려 얼른 방으로 들어갔다. 등 뒤에서 내 바지를 누가 덜컥 잡으려는 것 같았다. 귀신이 따라오는 것 같기도 했다.

동네에는 사랑방이 있었는데, 사랑방은 어른들 차지였다. 동네 총각들은 어른들 틈에 끼어 심부름을 하기도 하고, 어른들에게 망태 만드는 법이나, 덕석 만드는 법을 배우기도 하고, 닭서리를 해다가 죽을 끓이기도 했다. 우리 같은 조무래기들은 밤이면 현철이네 집으로 모여들었다. 현철이네 집 작은방은 우리 차지였다. 현철이네 집에는 할아버지와 할머니도 같이 살고 계셨는데, 할아버지는 아래채에서 주무셨다. 현철이네 부모님이나 할아버지 내외는 밤마다 찾아들어 온갖 짓궂은 일들을 하며 시끄럽게 노는 동네 아이들이 귀찮을 법도 한데 이렇다 저렇다 말없이 늘 한결같이 우리가 노는 것들을 모르는 척해주셨다. 밤늦도록 떠들고 이런 일 저런 일로 귀찮게 해도 우리더러 이래라저래라 하는 어른들이 없었다. 그러니 얼마나 좋았겠는가.

우리는 주로 화투를 쳤다. 성냥골 내기 화투였다. 당성냥이라고 하는 '비사표' 성냥골 내기를 했는데, 주로 '쪼이'나 '버티기'를 했다. 화투를 치면 끝에 가서는 늘 김씨 대 문씨로 대결이 압축되었다. 김씨의 대표주자는 늘 용조 형이었고, 문씨의 대표선수는 윤환이었다. 둘 다 배짱이 이만저만이 아니었다. 두 집안 중 하나가 마침내 몽땅 잃어버리면 그 화투판은 끝이 났다.

두 집안의 경쟁은 화투뿐만이 아니었다. 또 아이들만 그런 것도 아니었다. 어른들 사이에서도 사사건건 두 집안은 부딪쳤다. 동네에서 큰소리가 나고 뒤잡이가 나는 싸움을 가만히 들여다보면 늘 두 집안의 치열한 경쟁의식에서 비롯했다는 것을 동네 사람들은 다 알고 있었다. 오랫동안, 참으로 오랫동안 두 집안의 싸움은 계속되었다. 김씨 집안 사람들이 수가 많고 청년들이 끄릿끄릿해 세력이 막강했지만 문씨 집안도 그리 만만치 않았다. 절대 지기 싫은 두 집안 사람들은 사사건건 부딪치고 끝내는 온 동네가 싸움판이 되었다. 그러나 그렇게 웬수야 악수야 싸워도 며칠 지나면 금방 또 일상으로 돌아왔다. 두 집안 중에서 한 집안이 빠지면 동네의 크고 작은 일들이 제대로 굴러가지 않았다.

현철이네 집은 양씨였다. 양씨 집안은 형제가 셋이었다. 현철이네 큰아버지와 작은아버지가 있었고, 당숙뻘 되는 집이 한 집 있었다. 현철이네 작은아버지의 처갓집은 문씨 집안 사람이었다. 김씨와 문씨 들이 대판 패싸움을 할 때 현철이네 식구들은 어느 쪽도 편

들지 못하고 늘 중간지대에 뒷짐을 지고 있었다. 참으로 오랫동안 두 집안의 경쟁은 지속되었다. 어느 마을이든 그렇게 두서너 성씨를 중심으로 경쟁을 하지 않은 동네는 없었다. 그것은 마을 공동체에서 마을의 대소사를 해결하는 데 중요한 조정 역할로 작용하기도 해서, 선의의 경쟁이 되곤 했다. 작은 마을 정치에도 '일당독재'는 없었던 셈이다. 현철이네는 심정적으로는 문씨 편을 들었는지도 모른다. 그러나 호불호를 드러나게 표시하지 않았다. 아마 무언의 동조와 비판이 마을의 일들을 좋은 쪽으로 이끌었는지도 모른다. 현철이네 아버지가 오랫동안 이장을 했고, 또 현철이네 작은아버지도 오랫동안 이장을 한 것을 보면 그들의 역할이 아주 중요했을 것이다.

우리의 아지트이자 온갖 궂은일들을 다 받아주고 용인해주던, 그 인자한 현철이네 집에 도둑이 든 적이 있다. 늦가을이었다. 우리는 현철이네 집에서 잠을 자기도 했는데, 새벽녘에 현철이 할아버지 고함 소리에 벌떡 일어났다. 그때는 벼를 훑어 짚으로 만든 가마니 같은 뒤주에 나락을 넣어 마당에 세워두었는데, 밤에 그 집 뒤주를 날카로운 칼로 자르고 나락을 털어간 것이다. 놀라웠다. 간도 크지, 사람들이 그렇게 많이 자고 있는데 감히 나락뒤주를 가르고 털어가다니. 지금도 눈에 선하다. 이등변삼각형을 거꾸로 세워둔 모양으로 잘린 그 집 뒤주가 말이다.

현철이네 집은 아들딸들이 모두 여덟이었다. 현철이네는 일찍 서울로 이사를 갔다. 현철이네가 이사를 가자 누군가 그 집을 뜯어 사 갔다. 집터는 빈 채로 오래 남아 있었다. 어느 해 추석 때 현철이 동생 현권이가 시골에 내려왔다. 나이가 열다섯이나 열여섯쯤 되었을 때일 것이다. 추석이라 달이 높이 떠 있었다. 서울에서 온 복두랑 놀기 위해 복두네 집으로 막 들어가려고 하는데, 현철이네 빈 집터에서 이상한 소리가 났다. 소리가 나는 쪽을 바라보자 달빛 아래 작은 몸이 웅크리고 있다가, 자꾸 움직였다. 흐느낌 소리가 들렸다. 나는 정신이 번쩍 들었다. 짐작 가는 데가 있었던 것이다. 얼른 달려갔다. 현권이였다. 현권이가 자기 집 빈터 부엌자리에 웅크리고 앉아 홀로 울고 있었다. 현권이에게 사무쳐왔을 그 설움을 나는 푸른 달빛처럼 어렴풋이 짐작했을 뿐이다. 나는 한참을 그렇게 현권이 등뒤에 서 있었다. 달빛을 받은 뒤란 커다란 당산나무 가지들이 현철이네 빈 집터에 떨어져 있었다. 흐느낌을 그친 현권이가 눈물을 닦으며 일어섰다. 그 뒤, 빈 집터에 큰집 판조 형님이 집을 짓고 살았고, 지금은 재섭이네가 산다.

어떤 일이 있어도 한 번도 짜증을 내거나 싫은 기색을 하지 않았던, 마음씨가 한없이 너그러운 현철이네 어머니와 아버지와 할머니와 할아버지가 나는 때로 그립다. 마음이 한없이 유하던 현철이는 나와 동기 동창이다. 일찍 아버지를 여의고 많은 형제들을 그가 책임지고 살았을 것이다. 올해도 현철이네 집 뒤란 당산나무가 연한 연두색 잎을 피웠다. 그 나무를 올려다볼 때마다 나는 그 시절 그 집을 생각한다. 아름다운 추억이 서린 현철이네 집을. 윤환이, 현철이, 현권이, 용식이, 복두, 용조 형, 재홍이, 재식이, 금화, 다 현철이네 집에서 살다시피 한 그리운 얼굴들이다.

어느 날, 나는 현철이는 없고 앵두꽃만 피어 있는 그 집 돌담 앵두나무를 보고 이런 시를 한 편 썼다.

앵두

현철이네 집
앵두나무,
앵두나무는 현철이네
장광 돌담에 있지만
꽃은
춘자네 집에서
핀다.
돌담 너머 앵두도
춘자네 집에서 익는다.
앵두 같은 입술로
익는다.

청산

우리 동네에 사시던 순창 양반은 힘든 일을 하지 않으셨다. 늘 한복에 조끼를 입고 계셨다. 걸음걸이가 느려서 동네 사람들은 순창 양반이 자기 집에서 정자나무 그늘까지 오면 해가 질 거라고들 했다. 그만큼 느리다는 말이다. 얼굴이 준수하고 길었으며, 검고 긴 수염을 휘날렸다. 흰 얼굴에 검은 수염과 깨끗한 한복이 조용하게 어울렸다. 해가 지면 이따금 강변에서 마른 소똥을 바재기 가득 주워가곤 하셨다. 그 어른의 주위는 늘 조용했다. 말을 하시는 것을 나는 거의 보지 못했다. 담담하고 잔잔하고 조용조용했다. 그 어른은 정자나무에 오셔도 잠을 자지 않고 늘 양반다리로 작은 바위에 가만히 앉아 산과 물을 바라보셨다. 그 모습은 그림자처럼 조용하고 가

벼워 보일 때도 있었다.

  어느 여름날 한낮이었다. 사람들이 더위에 지쳐 다 잠들어 있었다. 나는 자지 않고 있었다. 입담꾼인 풍언이 아재만 혀로 입술을 자꾸 적시며 끄응끄응 짚신을 삼고 있었다. 그날도 순창 양반은 늘 앉던 바위에 또 그림처럼 앉아 있었다. 그리고 여름 한낮의 고요한 물과 앞산을 바라보며 아주 잔잔하고 조용한 목소리로 시조를 하셨다. "청산아아아아아아이이이이이이이이 으으으으으으……" 계속 청산이라는 말만 길게 늘였다가 줄였다가 또 길게 한 옥타브 올리고 내리며 "으으으으으이이이이이이" 하고 시조를 읊으셨다. 하도 오래 청산이라는 말만 늘리고 올리고 빼고 줄이기에 나는 너무 답답하여 그 어른께 다가가 "할아버지 근데 왜 계속 청산만 하세요?" 그랬더니, 할아버지는 나를 쳐다보지도 않고 "시끄럽다 이놈아" 하고는 앞산과 물을 바라보며 "청산"만 계속하셨다.

  나는 얼마 전 시를 한 편 썼다.

청산

순창 양반 해맑은
얼굴이 길고
검은 수염도 길었다.

한복에 조끼 입고

뜨거운 햇볕 속 땅 꺼질까봐

가만가만 걸어 정자나무에 왔다.

사람들 다 자도

혼자 양반다리로

반듯하게 앉아

고요한 여름 한낮

강과 높이 솟은 산을 바라보며

조용조용 시조하신다.

청사아아아아아안이이이이이이 이 이 이 이

높고 낮은 앞산 골골 굽이굽이 강굽이 이 논 저 밭 다 더듬으며

계속 청사아아아아아아아안 이 이 이 이…… 하신다.

내가 듣고 있다가

할아버지 왜 계속 청산만 하세요? 그러면 쳐다보지도 않고

시끄럽다 이놈아!

그래놓고

다시, 산과 물 보며 청사아아아아아 안아아아아아…… 이다.

청사안아아아안,

아직 끝나지 않았다.

앞산! 사람들은 앞산이 너무 높아 우리 동네 사람들이 뒤가 무르다고 했다. 둥근달이 떠오르고, 찬란한 아침햇살이 넘어오고, 대보름날 연을 띄우다가 연줄을 끊으면 화투짝만한 연이 앞산을 넘어가곤 했다. 그 연은 앞산을 넘어 어디까지 갔을까.

정자나무 1

나는 서춘 할아버지를 보지 못했다.

서춘 할아버지가 심은 마을 앞 정자나무 백 년하고 50년도 더 되었다.

동네 사람들 모두 그 그늘로 자랐다.

마을 사람들 모여 잠자던 여름 한낮이면 홀로 깨어

서춘 할아버지 나무아미타불, 나무아미타불, 나무아미타불 크게 외우다

동네 사람들 잠 깨운다며 핀잔 들었다.

겨울이면 얼음을 깨고 냉수마찰을 하고

눈 위를 맨발로 걸어다녔다.

발냄새, 꼬랑내, 메주 뜨는 냄새 섞인
사랑방에서 나무아미타불 중얼거리며 모로 누운 부처처럼 홀로 잤다.
정자나무에 잎 피고
정자나무 아래 모래 속에 자라들이 알을 낳는 동안
아이들이 서춘 할아버지 놀리고
추운 겨울이 되면 산에 풀짐 받쳐놓고 쉬며
흘러가는 강물에 떨어진 정자나무 그림자를 바라보았다.
어린 자라들이 자라
큰 바위 위로 올라와 놀 때
서춘 할아버지 일점 자식 하나 없이
그 나무 강가에 세워두고
홀로
죽었다.
그날 밤, 사람들은 정자나무가 우는 소리를 들었다고 했다.

이울 양반

동네 회의 할 때 무경우로 우기고, 말도 안 되는 오기를 쓰고, 앞뒤 없이 혼자 떠들어대고, 위아래 없이 안하무인으로 천방지축 지랄하는 놈더러 동네 사람들은 "이울 양반 때문에 오늘 공사(회의) 다 글렀네" 하며 하나둘씩 사랑방을 나가버렸다. 사랑방이 사라진 지 오래된 지금도 해 저물면 텃밭 뽕나무에서 "이울 양반 뽕알, 이울 양반 뽕알" 하며 우는 매미가 있다.

꼴 따먹기

꼴은 풀이다.

소에게 먹이는 풀을 사전에서는 꼴이라고 하지만, 우린 '깔'이라고 했다. 초등학교 4학년쯤 되면 꼴을 벴다. 돼지가 먹을 풀과 소가 먹을 풀을 강변이나 논두렁에서 베는데, 어른들은 바재기에 풀을 베어 지고, 우리는 망태에 풀을 베어 담았다.

내가 어릴 때만 해도 동네의 모든 집에서 소를 키웠다. 풀이 자라기 시작하는 봄부터 늦가을까지 강변에는 소들이 벌겋게 놀고 있었다. 여름 한낮이면 누런 황소들이 뜨거운 햇살을 이기지 못해 강물로 걸어 들어가 몸을 담그고 꼬리로 물을 적셔 몸에 뿌리곤 했다. 여름 한낮에는 누런 황소들이 제 기운을 이기지 못해, 앞발 뒷발로 씩

씩거리며 땅을 파 흙을 던졌다. 황소가 있는 곳이면 늘 먼지가 풀풀 일었다. 식식 콧김을 뿜어대며 뿌리박힌 작은 바위들을 뿔로 들이받아 밀고 다녔다.

여름 한낮

오뉴월 소불알이라더니
불알 두 쪽 축 늘어뜨린 황소
힘쓸 곳 없어
앞발 뒷발로
흙 파 던진다.
두 눈을 부라리고
뿔짓으로
뿌리박힌 돌멩이를 뽑아 뒤집는다.
힘쓸 때마다 두 쪽 불알이 덜렁거린다.
더워 죽겠는데
저 강변 황소
대낮에 큰 자지가 쑥
나왔다.

강변에는 토끼풀과 자운영이 많이 자랐고, 사초과 풀들이 많았다. 모두 소가 좋아하는 풀들이었다. 어른들은 마을에서 먼 곳으로 가서 풀을 베었지만, 우리는 학교에 갔다 와서 주로 강변에 나 있는 풀을 베어 왔다. 논물이 나가는 도랑에서는 돼지에게 줄 돼지풀(고마리)을 베어 왔지만 소는 그런 풀은 먹지 않았다.

학교에 갔다 와서 풀을 베는 일은 아주 간단했다. 우리가 벤 풀은 소를 바로 먹이기보다는 소죽을 끓이는 데 이용했다. 옛날에는 소에게 그냥 맨풀을 주지 않고 소죽을 끓여주었다. 밥을 하면서 나오는 허드렛물을 모아두었다가 그 물을 가마솥에 붓고 풀을 뼘보다 짧게 작두로 썰어 솥에 넣고 불을 때서 물이 펄펄 끓으면 보릿겨나 쌀겨나 호박 같은 것들을 넣어 잘 저은 다음 푹 익혀서 소에게 주었는데, 그게 소죽이었다. 아무리 더운 여름에도 우리 아버지는 생풀을 주지 않고 반드시 소죽을 끓여주셨다. 그래야 소가 살이 쪘다. 우리 집 소가 다른 집 소에 비해 살이 더 찐 이유는 그렇게 소죽을 끼니때마다 끓여주기 때문이었다.

학교가 파하면 우리는 패를 지어 강변으로 풀을 베러 나갔다. 봄이면 강변에는 흰 토끼풀꽃과 붉은 자운영꽃이 만발했다. 강변에서 풀을 벨 때 풀이 우북한 곳은 베지 않았다. 그런 곳에는 틀림없이 똥이 있었다. 소똥 아니면 사람 똥이 있는 곳은 풀들이 다른 곳보다 우북하게 웃자랐다. 그런 곳에 좋다고 얼른 손이나 낫을 집어넣었다

가는 소풍을 잡기 일쑤다. 아니면 꼭 까치독사라는 꽃뱀이 똬리를 틀고 있다가 고개를 쑥 쳐들고 반듯하게 섰다. 그러면 우리는 겁을 먹고 엉겁결에 든 낫으로 얼른 뱀을 휙 쳐버렸다. 목이 잘린 뱀이 섬뜩하여 우리는 그런 곳을 아주 싫어했다.

풀은 어디든 많아서 금방 망태를 가득 채울 수가 있었다. 풀을 망태 가득 베어놓은 우리는 너른 강변에서 꼴 따먹기 시합으로 시간을 보냈다. 복두, 용조 형, 나, 현철이 등이 제일 많이 했다. 그중 용조 형은 왼손잡이였고, 풀을 아주 잘 베었다. 풀 베는 요령을 익히는 데도 오랜 세월이 필요했다.

농사를 배우는 일은 글을 외우는 것하곤 전혀 다른 교육이다. 글을 외우는 것은 남이 한 일을 자기가 외우는 일이지만, 풀 베는 일은 자기가 직접 하면서 일일이 몸과 마음에 익혀 터득하고 단련하고 익숙해지게 하는 일이다. 답을 외우는 공부는 얼른 기억하면 되지만 풀을 베는 일은 오랜 세월이 가도 끝과 답이 나오지 않는다. 다만 그 일 자체를 더 자세히 이해하고, 터득하고, 몸과 마음에 익히는 요령이 늘 뿐이다. 아이들이 하는 지금의 공부는 완성이 있겠지만, 풀 베는 일은 완성이 없는 과정일 뿐이다. 풀을 베고, 괭이질을 하고, 지게를 지고, 모내기를 하고, 삽질을 하는 것은 오랜 세월 몸으로 익히고 다듬어가야 한다. 그러므로 풀을 베는 일은 자연을 이해하는 확실하고 현실적이며 종합적인 교육활동이다. 그러나 아무리 오랫동안 쟁기질을 해도 늙어서까지 잘 못하는 사람이 있다. 그것은 타고난 특기에 해당되는 기능이다. 어떤 사람은 쟁기질을 잘하고, 어떤 사람은 밥을 잘하고, 또 어떤 사람은 장구를 잘 치는 것은 각각의 노력 때문이기도 하지만 대개 그 방면으로 타고난 적성에 따른 것이다. 그 특기를 살리는 게 농사요 공부였다.

아무튼 풀을 한 줌씩 베어 한곳에 수북하게 쌓아올린 우리는 선을 쭉 긋고는, 그 선을 밟은 채 낫을 던졌다. 낫이 빙빙 돌며 멀리 날아가 낫자루가 땅에 닿지 않고 낫 끝이 땅에 콕 박히면 쌓아놓은 풀을 한 사람이 다 가져갔다. 낫자루가 땅에 닿게 떨어지면 풀을 한 주먹만 가져갔다. 말하자면 본전만 가져가는 것이다. 이게 꼴 따먹기다. 대개는 집에서 부모들이 다른 일을 시키기 위해 부를 때까지 하거나, 망태에 더이상 풀을 넣을 필요가 없어지면 판이 끝났다. 해가 지면 우리는 풀을 밟으며 망태를 어깨에 메고 집으로 돌아갔다. 집에 가서 망태에 담은 풀을 끄집어내면 풀냄새가 났다. 이른 봄에 그렇게 가득 담은 풀을 집으로 가져가 꺼내놓으면 풀에서 김이 나기도 했다. 그 풀을 작두로 썰어 소죽을 끓였다.

한창 농번기 때는 우리가 그렇게 풀을 베어다가 소가 들에서 돌아오기 전에 소죽을 끓여놓기도 했다. 일터에서 돌아온 소가 김이 무럭무럭 나고 햇풀 냄새가 고소한 소죽을 먹는 것을 보면 마음이 흡족했다. 그렇게 스스로 풀을 베어 소죽을 끓여주면 집안의 큰일을 한 것 같아 마음이 우쭐해졌다.

  해 지면 파르르 드러나는 풀잎들, 저문 강물 가까이 날고 있는 하루살이나 깔따구들을 차먹으려고 물을 차고 뛰어오르는 물고기들의 흰 몸. 뛰어오른 물고기가 다시 강물로 떨어질 때 들리던 차르르 소리에 뒤돌아보면, 강물 위에는 소나기가 내리는 것처럼 수없이 많은 동그라미들이, 물결이 일었다.

제3부

― 산그늘, 나무그늘 아래에서

우윳가루가
다소에 좀 나왔다

　그때 그 교장 선생님은 검은 두루마기를 입고 있었다. 검은 두루마기의 하얀 동정이 지금도 눈에 선하다. 두루마기 자락을 휘날리며 교장 선생님은 높은 단에 올라서서 우리에게 일장 연설을 하셨다. 그 연설은 정말 지루했다. 날씨가 뜨거워 땀을 질질 흘려도, 언 땅이 녹을 정도로 발을 동동 구르는 겨울철에도 교장 선생님의 연설은 지루했다. 이상하게도 너무나 당연하고, 너무나 지당하고, 너무너무 옳은 소리여서 오히려 질리는 것이다. 옳은 소리가 정말 싫은 소리가 될 때가 있다는 것을 나는 그때 알았다.
　그날도 교장 선생님은 김구 선생이 입은 한복 같은, 흰 동정이 달린 검은 두루마기를 입고 높은 연단에서 일장 연설을 하셨다. "에,

오늘도 우윳가루가 다소에 나왔다. 우윳가루를 나누어줄 터이니, 집에 가면서 퍼먹거나, 물에 타먹지 말고 몽땅 집으로 가져가 식구들과 나누어 먹는다. 만약 집에 가면서 퍼먹는 사람이 있을 시에는, 절대 다시는 우윳가루를 주지 않을 테니 그런 일이 일어나지 않도록 헌다. 알았냐?" 그러나 교장 선생님이 그 많은 아이들의 하굣길을 일일이 따라가지 않는 한, 우윳가루를 중간에 먹는지 안 먹는지 어찌 알겠는가. 우리 중 교장 선생님의 말을 곧이곧대로 듣는 사람은 한 명도 없었다.

 우리는 그 외에도 수많은 주의사항을 들어야 했다. 강가를 지나다가 총탄을 주우면 신고해라. 남의 농작물에 손대지 마라. 깊은 물에 들어가지 마라. 애향단별로 줄 서서 와라. 지각하지 마라. 이 '마라'라는 말이 너무 긴 나머지 더위를 이기지 못하고 그 자리에서 빈 쌀자루처럼 폴싹 허물어지는 아이들도 있어서 선생님들이 팔다리가 축 처진 그 아이를 들쳐업고 교실로 달려간 적도 많았다. 고학년들은 우윳가루를 도시락에 받아가기도 했고, 도시락이 없는 저학년들은 '비료 포대'로 만든 봉투에 받아 집으로 갔다. 집으로 가는 도중 우리는 그 우윳가루를 봉투 속에서 또는 도시락 속에서 기묘하고도 영리하게 꺼내먹는 기술을 일찍이 터득해둔 터였다.

 우윳가루를 손으로 집어먹을 수도, 그렇다고 다른 방법으로 산뜻하게 먹을 수도 없었던 우리는 강가에 있는 억새나 큰 풀을 뽑아 빨대를 만들어 우윳가루 봉투 깊이 박고 쭉 빨았다. 그러면 그 좁은 대롱을 타고 우윳가루가 입으로 쏙 들어왔다. 분말가루 하나 흩어짐이 없었고, 어디로 샐 염려도 없었다. 풀대롱이 크면 가루가 너무 많이 따라 올라오기 때문에 이쑤시개보다 조금 큰 풀대롱을 만들었다. 대롱 구멍이 크면 우윳가루가 너무 많이 들어와 목구멍이 막혀 캑캑거려야 했다.

집으로 가져간 우윳가루를 어머니들은 양재기나 도시락에 물을 타고 버무려 밥 위에 쪘다. 그러면 우윳가루가 돌덩이처럼 단단해져, 돌이나 망치로 두드려야 조금씩 조각이 났다. 그 작은 조각을 입에 넣고 사탕처럼 오물거리면 아주 달고 고소한 우유 맛이 났다. 아, 지금도 입안에 침이 돈다! 우윳가루가 나오지 않게 되자 옥수숫가루가 나왔다. 옥수숫가루는 죽을 끓여먹었다. 한때는 학교에서 점심시간에 피란민들처럼 줄을 세워 옥수수죽을 타가게 했다. 그 옥수숫가루로 교장 선생님이 자기 집 돼지를 키운다는 소문도 있었다. 내가 선생이 되었을 때는 빵을 나누어주었다.

우윳가루에서 빵을 지나, 지금은 학교에서 급식을 한다. 이젠 밥을 먹는 것이다. 그때 그 우유가, 그 강냉잇가루가, 그 빵이 어떤 경로로 우리 입까시 왔고, 그 분유가 무엇에 쓰기 위해 만들어진 것인지 그때 우린 몰랐다. 알았다 한들 그게 무슨 소용이겠는가.

참으로 오래된 사진들이다. 하얀 동정에 검은 옷고름을 휘날리던 교장 선생님의 옳은 말씀을 듣던 그 시절. 나는 얼마 전까지 그 학교에서 근무했다. 그 교장 선생님이 일장 연설을 하던 벚나무 아래에서 아이들과 오래 뛰어놀았다.

혀

용조 형은

왼손잡이다.

왼손으로 낫을 잡고

팽이를 깎거나

자치기하는 막대기를 만들 때는

혀를 길게 내밀고

혀를 빙빙 돌린다.

손 움직임히고

혀 움직임하고

번갈아 보며

내가
"형, 혀!"
그러면
혀 쏙 들어갔다가
금방 또 나온다.

미리 잡기

　미리라는 아주 작은 물고기가 있다. 까맣게 생긴 미리는 크기가 총알만하다. 봄이 되면 용소에서 흘러나오는 물을 따라 미리떼가 새까맣게 올라왔다. 찬물을 좋아하는 고기가 있고, 따뜻한 물을 좋아하는 고기도 있다. 하지만 많은 고기들이 따뜻한 물과 찬물이 섞인 곳을 좋아했다. 비가 많이 오는 여름철, 새 물(빗물)이 나가면 메기들이 그 새 물을 따라 또 도랑을 따라 올라왔다. 보통때는 풀밭인데, 물이 불면 그 풀밭 위로 물이 흘렀다. 그 풀밭으로 메기들이 올라오는데, 사람들은 메기를 밟아 잡았다. 그래서 힘없이 흐느적거리는 사람을 보고 "저놈이 시방 밟아 잡아놓은 메기처럼 왜 축 처져 저 지랄이다냐"라고 했던 모양이다. 용소 물은 온도의 변화가 그리

심하지 않다. 학산 밑에서 솟아나는 물이기 때문이다. 좋은 샘물은 온도의 변화가 거의 없다. 샘 밖의 온도가 변할 뿐이다. 겨울철에 샘물이 따뜻하고 여름철에 시원한 것은 단지 밖의 온도가 변하기 때문이다. 용소 물도 그렇다.

 비가 와서 용소 꼬리로 흐르는 물의 양이 조금 많아지면 강물까지 가는 동안 물이 따뜻해진다. 풀잎 사이로 실낱같은 물이 째작째작 흐르면 그 물을 따라 까만 미리떼가 올라온다. 손등도 넘지 않는 물을 타고 새까맣게 떼를 지어 올라오는 미리를 사람들이 가만히 둘 리 없다. 우리는 용소 꼬리에서 흘러오는 작은 도랑물을 여러 갈래로 나눴다. 생짜로 땅에 물을 흐르게 하는 것이다. 말하자면 맨땅에 도랑을 쳐서 물이 흐르게 하는 것이다. 그러면 아주 작은 물줄기가 강으로 흘러들어간다. 강으로 흘러들어가는 암소 오줌발 같은 물줄기를 따라 미리들이 새까맣게 올라오는 모습을 보고 있으면 몸이 간지럽다. 강에서부터 50미터도 더 넘는 그 물길을 따라 올라오는 고기들이 용소에 닿기 전에 물줄기를 다른 곳으로 돌려버린다. 그러면 물을 잃은 고기들이 맨땅에서 꼬물거리는 것이다. 그때 고기들을 주워 담으면 된다. 밤이면 동네 형들이 이곳저곳 흐르는 작은 도랑에 어른들 허벅지만한 작은 통발을 놓기도 하는데, 그 작은 통발이 꽉 차게 미리들이 들 때도 있었다.

 그렇게 쉽게 잡은 미리는 꼬독꼬독하게 지지거나 볶아 먹는다.

미리는 아주 작기 때문에 배를 따지 않고 그냥 먹는다. 고추장을 풀고 상추와 함께 넣어 지져먹으면 상추도 맛있고, 고기도 맛이 그만이다. 두서너 마리씩 한꺼번에 먹어도 된다.

　파란 풀잎 틈으로 흐르는 물줄기를 따라 가맣게 올라오던 미리가 지금은 보이지 않는다. 그 많던 미리는 다 어디 갔을까. 강물에서 사라진 고기가 한두 가지가 아니다.

정남이 누나

 지금 내가 앉아 있는 곳은 덕치초등학교다. 나는 교실에서 조금 떨어진 곳에 자리잡은 내 사무실에 앉아 있다. 아주 작은 방이지만 나는 이 안에서 학교 주변을 다 볼 수 있다. 내가 앉아 날마다 바라보는 곳은 두무리 마을이다. 학교 바로 옆에 붙어 있는 마을이다. 6·25전쟁 통에는 환자들을 보호하는, 말하자면 '환자트'였다고 한다.
 내가 초등학교에 다닐 때 이 학교 바로 밑 마을에 선생님들이 하숙을 했다. 선생님들은 모두 이 마을 한집에서 하숙을 했다. 아주 오래된 하숙집이었다. 여선생님들과의 연애 이야기도 이 집에서 새어나왔다. 이선생이라는 분이 있었다. 키가 무척 크고 잘생긴 분이었다. 그 선생님이 어떤 여선생님하고 연애를 한다는 소문이 자자했었다. 내가 2학년 땐가 3학년 땐가 잘 모르겠지만, 아무튼 가을운동회 연습을 할 때였다. 줄다리기를 하기 위해 아이들이 줄을 따라 쭉 서 있었다. 그 선생님이 기다란 장대를 가지고 줄에서 벗어나는 아이들이 없도록 주의를 주기 위해 줄을 따라 장대를 내리치고 있었다. 그런데 하필 그 장대에 내 뒷목이 정통으로 맞아버렸다. 나는 기절을 하고 말았다. 뭔가 묵직한 게 뒷목에 와닿는 느낌이 드는 순간 그만 혼절을 하고 만 것이다. 눈을 떠보니, 내 얼굴 위에는 6학년 누님들의 얼굴 셋이 나를 근심 어린 눈으로 내려다보고 있었다. 나는 부스스 일어났다. 그때 나를 내려다본 누님들 중 한 분이 나중에 용수 형님의 부인이 되었다. 내 형수가 된 것이다.

그 집은 내가 고등학교를 다닐 때까지 하숙을 쳐서 '끝끝내' 그 집 딸 하나가 선생에게 시집을 갔다. 나중에 내가 선생이 되었을 때 그 집은 하숙은 치지 않고 방을 세놓아 여선생이 자취를 했다. 나는 그 여선생이 자취하는 방에 놀러 간 적이 있다. 내가 지금 앉아 있는 곳의 11시 방향에 그 집이 있다. 내가 앉아 있는 방 바로 앞에도 오랫동안 선생님들이 자취한 집이 있다. 지금은 할머니 한 분이 이따금 와서 사신다.

지금 학교에는 벚꽃이 만발해 있다. 내가 앉아 있는 방 옆과 앞과 뒤가 온통 벚꽃으로 둘러싸여 있다. 꽃 속에 묻힌 방, 꽃으로 포위

된 방에 앉아 나는 이 글을 쓴다. 나는 세 방향은 다 가리고, 마을 쪽으로만 블라인드를 열고 있다. 양방향에 있는 블라인드를 다 제치면 도저히 이 꽃들을 다 감당할 수 없을 것 같아서다. 지붕 위로 휘늘어진 이 오래된 벚나무 꽃가지들을 나는 감당할 수 없다. 블라인드를 한번 열어보았더니, 꽃빛으로 방 안이 어찌나 환하던지, 얼른 다시 블라인드를 내려버렸다. 바람에 흔들리는 저 수많은 꽃과 휘늘어진 꽃가지들을 어찌 내가 다 본단 말인가. 이 꽃가지와 꽃잎 들이 그때도 나를 이렇게 에워싸고 있었다.

내가 초등학교에 다닐 때였다. 어느 봄날, 꼭 이맘때였다. 운동장을 둘러싼 벚나무에 꽃이 구름처럼 피어올랐다가 지고 있었다. 꽃잎들은 바람이 없어도 한 잎 두 잎 서서히 내리다가 바람기가 조금만 있어도 우수수 졌다. 하얀 꽃잎들이 바람에 날려 나비처럼 날았다. 아니, 눈송이처럼 날렸다. 아이들은 꽃잎 지는 벚나무 아래로 달려가 떨어지는 꽃잎을 입으로 받기도 하고, 손으로 받기도 했다. 꽃잎은 아이들의 머리에 떨어지고, 어깨에도 떨어져 얹혔다. 진 꽃잎들은 맨땅을 굴러다녔다. 작고 하얀 바퀴들이 돌돌돌 굴러가면 아이들은 굴러가는 작은 꽃바퀴들을 쫓아다녔다. 굴러간 꽃잎들은 또 운동장 파인 곳에 눈처럼 하얗게 쌓였다. 수북하게 쌓인 꽃잎들을 아이들은 눈처럼 뭉쳐 하늘 높이 던졌다. 그러면 꽃잎들은 또 땅으로 하르르 떨어져 굴렀다. 벚꽃이 다 질 때까지, 그렇게 꽃잎은 바람에 날렸다. 바람이 조금이라도 세게 불면 꽃잎들이 교실까지, 또는 지붕을 넘어 날아갔다. 공부 시간에 꽃잎이 날아와 책이나 공책 위에 앉기도 했다.

그렇게 꽃잎들이 분분하던 그날, 운동장을 가득 메우고 굴러가는 꽃잎과 운동장 하늘 가득 날리는 흰 꽃잎들을 가만히 보고 있는 한 여자아이를 보았다. 유리창에 이마를 대고 가만히 서서 날리는 꽃잎들을 보고 있는 그 여자아이는 우리 동네 사는 정남이었다.

정남이는 우리보다 나이가 두 살쯤 많았다. 그날 처음 내 눈에 띈 정남이는 눈이 컸다. 꽃자주색 동정을 달고 옥색 옷고름이 달린 흰 적삼을 입고 있었다. 머리는 양 갈래로 따고 치마는 검은색이었다. 유리창에 이마를 대고 그렇게 한참을 서서 운동장 가득 날리는 꽃잎을 바라보고 있던 정남이가 내 쪽으로 돌아섰다. 우리의 눈이 마주쳤다. 아니, 그러지 않았는지도 모른다. 나 혼자만 그렇게 생각했는지도 모른다. 벚꽃이 다 질 때까지 정남이는 늘 그렇게 조용하게 유리창에 이마를 대고 창밖을 내다보았다.

그 뒤로 우리는 이따금 눈이 마주쳤다. 그러면 정남이는 웃었다. 아니, 나만 그렇게 생각했는지도 모른다. 아니, 지금 생각하면 그렇다는 것이지, 그때는 어땠는지 정확하게 잘 모르겠다. 내 상상일지도 모른다. 슬레이트 지붕, 낡은 유리창과 구식 책상들, 그리고 소란스러운 아이들과 꽃, 그 꽃이 지금도 나를 에워싸고 하얗게 만발했으니까. 만발한 꽃들이 가지를 흔들며 나를 바라봐달라고 저렇게 조르고 있으니까. 그렇게 만발한 꽃 속에서 그때 나만한 아이들이 꽃잎을 쫓아다니며 뛰놀고 있으니까. 저 아이들 속에서도 그렇게 서로가 서로에게 어느 날 느닷없이 새로 보이는 여자아이가 있을 테니까 말이다.

우리 동네 앞강에서
놓친 고기는 다 크다

　우리 동네 앞강에는 고기가 많다. 정말로 많다. 어찌나 고기가 많은지 사람들은 섬진강을 물 반, 고기 반이라고 했다. 고기가 많으니, 봄 여름 가을 겨울 고기 잡는 방법도 가지가지고, 잡히는 고기도 가지가지였다. 고기를 잡으러 간 사람들이 집으로 돌아와 식구들에게 늘 하는 말, 그러나 식구들이 믿지 않는 말, 말하는 사람도 믿거나 말거나 하는 말, "내가 고기를 잡으려고 바위 속에 손을 집어넣었는데, 아 글쎄 이따만한(그러면서 늘 한 팔을 쭉 뻗고 다른 쪽 손으로는 겨드랑이 밑을 잡아 크기를 과장한다) 고기가 손에 꽉 잡히잖아. 근데 막 밖으로 가지고 나오려고 하는데 그만 놓쳐부렀당게. 정말로 무지무지 컸는데." 아무튼 우리 동네 앞강에서 놓친 고기는

다 컸다.

살면서 우리는 놓친 고기들이 크다고 안타까워한다. 옛날에 부자 아닌 사람 없고, 옛날에 한가락 하지 않은 사람 없고, 옛날에 진짜 예쁜 여자하고 연애 안 해본 사람 없다. 왕년에는 다 그랬다. 그러나 다 허망한, 진짜 하나 마나 한 말이다. 지금 자기가 쥐고 있는 고기가 제일 큰 고기임을 알라. 지금 쥐고 있는 고기가 작으면 크게 키워라. 그래서 사람들에게 이렇게 말하라.

"이 손 안에 있는 이 고기가 앞강에서 제일 큰 고기여!"

어느 날

 어느 날 해 질 무렵, 정자나무 그늘에서 있었던 일을 시로 써보았다. 그때, 정자나무 그림자가 맑고 깊은 강물 위에 떠 있었다. 큰물이 정자나무 바로 밑까지 붙었을 때였다. 강을 가득 메우고 유유히 흐르는 저문 물, 강물은 맑고 힘차고 바삐 흘렀다. 아, 산그늘을 몸 가득 담고 흐르던 강물이여! 그렇게 맑은 강물이 강변을 가득 메우고 흐르면 물속에 잠긴 풀잎이 흐르는 강물 쪽으로 쓰러지고 쓰러졌다. 그날, 그 저문 날 정자나무 아래에서는 무슨 일이 있었던가.

순식간

비가 오지 않아도
보를 텄다.
물은 강변을 꽉 메우고
느티나무 바로 아래 큰길까지 불어
넘실넘실 유장했다.
강물 속에
풀들이 물 흐르는 쪽으로
파랗게 쓰러져
흔들리고
순경 아저씨 둘이
포승줄로 묶은 사람을 데리고 느티나무 그늘로 들어와
땀을 식히며
저문 물을 보고 있었다.
포승줄에 묶인 사람은
기피자라고 했다.
물을 보며 무표정했다.
동네 사람들이
순경과 이야기를 하며 한눈을 판 사이

그 사람이 재빨리
강물로 뛰어들었다.
어? 어? 어? 저놈 봐라!
하는 사이 그 사람은
벌써 까만 머리통만 물 위로 내놓은 채
흐르는 강물을 대각선으로 따라 흐르며
강 가운데를 지나고 있었다.
저쪽 강기슭에 닿자
쏜살처럼 산으로 내뺐다.
순경들이 총을 쏘며
고함을 질렀지만
그 사람은 강 건너 산속으로 들어가버렸다.
강물은 유유했다.
느티나무 그림자가 강물 위에서 너울거렸다.
보를 튼 큰물은 맑아
강바닥이 다 보이고
솥뚜껑만한 자라들이 둥둥 떠내려가는 것이 환하게 보였다.
무슨 일이든, 큰일은 순식간이다.

독립

물안경 쓰고
작살 들고
잠수했다.
커다란 바위 속이
침침해서 무서웠다.
들이마신 숨을
참으며
두 눈을 똑바로 뜨고
바위 속을 들여다보았다.
어?

저것 구렁이 대가리 아녀?
숨이 멎을 것 같아
얼른 물 밖으로 나왔다.
한참을 생각해봤다.
자라 모가지 같았다.
다시 들어가 슬며시
바위 속을 들여다보았다.
자라였다.
숨이 찼다.
에라, 모르겠다.
작살을 당겼다.
다시 물 밖으로 나와
놓고 나온 작살 자루를 보았다.
작살이 움직이고 있었다.
물 밖에서도 나는 숨이 찼다.
살며시 작살을 잡아당겼다.
작살을 통해
묵직한 움직임이 느껴졌다.
가슴이 뛰었다.
작살을 잡아당겼다.

새마을 모자만한 자라가 따라 나왔다.

용조 형을 따라다니다가

처음으로 독립한 날이었다.

그 생각 나면

지금도

나는 가슴까지 숨이 차오른다.

양잿물과 애린 이

 학교에서 갑자기 이에 이상이 생겼다. 입안 어디가 아픈가 하면 안 아프고, 안 아픈 것도 같은데 어쩌면 또 아팠다. 아니, 그것도 아니고 저것도 아니고 이것도 아니었다. 이 이상야릇한 아픔의 징후가 이라고 꼭 집어 말할 성질의 것도 아니었다. 머리가 아픈 것도 같고, 아니면 입안 어디가 아픈 것도 같았다. 이 내용 없고 불확실한 아픔, 그렇다, 어딘가 아린 듯한 이 징후는 점점 아픈 부위가 분명해지기 시작했다. 그 강도는 서서히 묵직하게 자리를 잡아가며 깊어지고 도가 높아갔다. 아픔은 그렇게 서서히 아주 서서히 한곳으로 집중되고 있었다. 꼼짝없이 포위된 고기떼처럼 말이다. 몸 전체가 묵직하게 먹먹해지는 느낌이었다.

이가 아프다는 것은, 이가 애린다는 것은 참을 수 없는 존재의 고통이 아닐 수 없다. 아무도 모른다. 다만 이가 아려본 자만이 그 심정을, 그 고통을, 주기적으로 다가오는 그 멀고도 가까우며 지긋한 고통을 알 뿐이다. 설명할 수 없는 아픔처럼 괴로운 아픔은 세상에 없다. 한쪽 볼을 감싸쥐고 땅으로 꺼질 것처럼 웅숭크리고 앉아 있는 내 모습을 보고는 선생님이 "너는 지금 이가 애린 거야" 말씀해주셨다.

놀라운 아픔이었다. 지구가 들썩였다. 지구가 들릴 것 같았다. 지구의 저쪽 끝에서부터 아파오는 이 고통을 누구에게 설명한단 말인가. 나는 그렇게 처음 이가 아려 학교에서 집으로 보내졌다. 집에 가서 불불 기고 문고리를 잡고 으으으으 울었다. 아니, 울음도 나오지 않았다. 큰아버지가 오시고, 큰어머니, 작은어머니도 오셨다. 모두들 속수무책의 난감한 얼굴을 하고 나의 고통을 그냥 자기들의 고통으로 견디며, 고통스러워하는 나를 보고 '서 있을 뿐'이었다. 사카린을 애린 곳에 물게 하기도 하고, 담배꽁초를 애린 이 사이에 물고 있게 하기도 했다. 그러다보니 애린 기가 서서히 가라앉았다. 귀신이 곡할 노릇이었다. 하룻밤이 지나자 언제 그랬느냐는 듯, 날이 환하게 개듯 몸이 씻은 듯 가뿐해진 것이다. 그때가 여름이었는지, 봄이었는지, 가을이었는지 모르지만 6학년 때라는 것은 내가 확실히 기억한다.

그해 겨울이었다. 우리 동네에서 강길을 따라 십 리쯤 떨어진 곳에 천담이라는 마을이 있는데, 그 마을에서 큰 굿, 농악판이 벌어진다고 했다. 저녁을 먹은 동네 사람들이 모두 구경을 나섰다. 집을 나설 때부터 이에서 불안한 기미가 감돌았다. 그러나 나는 애써 무시했다. 무시하면서도 '이거 또 일나는 거 아녀' 하는 공포감이 슬며시 고개를 들기도 했다. 동네를 한참 벗어났다 싶었는데, 아니나 다를까. 몸 어딘가가 욱신거리고, 으슬으슬 캄캄해지기 시작했다. 올 것이 왔다는 공포감으로 발걸음이 무거워졌다. 욱신거리는 속도가 빨라지고 깊어지더니, 견디기가 힘이 들었다. 나는 돌아섰다. 혼자 집으로 돌아왔다. 또 이가 애린 것이다. 어머니와 아버지는 난감해하셨다. 이 애리는 것을 멈출 방도가 없었던 것이다. 그냥 또 작은 사카린 덩어리를 이 애린 곳에 물게 하고 담배꽁초를 물게 할 뿐이었다. 아픔은 견딜 수 없는 고통이 되어 휘몰아쳤다. 견딜 수 없어 방바닥을 북북 기고 또 문고리를 잡고 사정을 했다. 큰집에서 내 신음 소리와 울음소리를 들은 큰아버지가 오셨지만 어쩔 도리가 없었다. 어른들은 고통스러워 불불 기는 나를 에워싸고 속수무책의 이 난감함을 어떻게 해야 할지 모르는 표정으로 나를 내려다보며 그냥 또 서 있을 뿐이었다.

밤이 깊어도 내 애린 이의 통증은 가시지 않았다. 참다 참다 참지 못한 아버지가 벌떡 일어서며 옷을 입으시더니, "가자 중전으로, 중

전에 가서 이빨을 빼버리자" 하고 집을 나섰다. 그때 중전이라는 마을에는 이를 빼는 사람이 있었다. 치과 의사는 아니고, 그렇다고 무슨 허가를 낸 것도 아니고 그냥 집에서 이를 빼는 사람이 있었던 모양이다. 나는 그제야 처음 그런 곳이 이웃 동네에 있다는 것을 알았다. 캄캄한 겨울밤 아버지와 나는 들길을 걸어 시냇가에 외따로 있는 그 사람의 집, 물레방앗간으로 갔다. 물이 많이 불어 징검다리를 건널 수 없을 때 우리가 이따금 지나다니는 데가 그 물레방앗간이었다.

 아저씨는 이를 빼지 않아도 된다며 애린 이가 있는 잇몸에 이상한 주사를 놓아주었다. 주사를 놓을 때는 무지 아팠다. 피가 났다. 시간이 조금 지나자 아픔의 도가 한 단계 우두둑 낮아지는 느낌이 드는 것 같기도 하고, 아픔이 한 박자 뚝 떨어지는 느낌이 확실하게 드는가 싶더니, 정말이지 거짓말처럼 아픔이 서서히 뚝뚝 한 단계씩 내려앉았다. 놀라운 일이었다. 이 분명하고 확실한 사실이 나를 놀라게 했다. 세상에 이런 일이! 참으로 신기했다. 얼마 후 아픔은 내 몸에서 완전히, 아주 멀리 사라져버렸다. 몸이 환해졌다. 집으로 돌아가는 어둔 밤길이 하나도 어둡게 느껴지지 않았다. 농악을 보러 가지 못한 것도 그리 아쉽시가 않았다. 그리고 얼마간 나는 이 애리는 것을 잊고 살았다.

 그런데 졸업을 앞둔 어느 날 또 그 이 애린 귀신이 찾아온 것이다.

이번엔 달랐다. 욱신거리는 것이 전신이 먹먹해질 정도로, 거의 정신을 잃을 정도였다. 또 큰아버지도 오시고, 작은어머니도 오셨다. 나는 방바닥을 북북 기면서 으으으으, 아이고, 아이고 소리를 질렀다. 모두 속수무책이었다. 또 중전 마을로 가야 한다고 했다. 그렇게 불불 북북 기며 문고리를 잡고 고함을 지르고 있는데, 아랫집 큰어머니가 나를 데리고 자기 집으로 갔다. 작은어머니도 따라오고, 어머니도 따라왔다. 모두 근심이 가득한 어두운 얼굴들이었다. 그때 나를 내려다보고 서 있던 어른들의 어둡고 난감한 얼굴들을 나는 지금도 잊을 수 없다.

　어머니는 연신 저렇게 애린 이는 처음 본다며 팔짱을 낀 채 큰어머니 뒤를 따랐다. 큰어머니는 헛간으로 가 볏짚을 한 가닥 쑥 뽑아 오더니, 지푸라기 꽁탱이라고 부르는, (할머니 담뱃대가 막혔을 때 집어넣어 담뱃진을 빼던) 그 꽁탱이 하나를 뽑더니, 부엌으로 들어갔다가 나왔다. 그리고 작은어머니와 어머니더러 내 입을 크게 벌려 잡게 하고는 썩은 이의 벌레 먹은 작은 틈새에 그 끝을 집어넣었다가 얼른 빼냈다. 순식간이었다. 그 끝이 내 이 어디쯤에 닿으면서 불로 지진 듯 화끈, 아찔, 멍했다. 그러고는 씁쌀한, 그러나 매우 느끼한 것도 같고, 토할 것도 같은 맛이 입안을 메웠다. 그 순간 어머니는 커다란 구정물 통에서 구정물을 한 바가지 퍼서 내 입에 대며 "마시지는 말고, 얼른 헹궈내" 하셨다. 나는 얼른 입안 가득 구정물을 마셨다가 다시 뱉어냈다. 평소에 파리며 벌이며 모기며 다른 벌레들이 빠져 죽어 둥둥 떠 있는 것을 보았던 그 구정물을 내가 마시다니! 그러나 나는 수십 번도 더 그 시금털털한 구정물로 입안을 헹구어야 했다.

구정물로 입안을 헹구고 있는 나를 둘러싼 큰어머니와 작은어머니의 그 어둡고 침침한 얼굴을 나는 절대 잊을 수 없다. 그후 나는 이상하게도 한 번도 이가 애리지 않았다. 그러나 나이가 들수록 그 이가 점점 부서지기 시작했다. 뿌리까지는 흔들리지 않았다. 그렇게 나는 오랜 세월을 보냈다. 그리고 1995년에 드디어 그 이를 빼게 되었다. 이가 다 부서지고 뿌리만 까맣게 조금 남아 이따금 내 신경을 곤두서게 했던 것이다. 나는 잘 아는 치과에 가서 드디어 그 이를 완전히 뽑고 금니를 했다. 그 여의사가 어찌나 이를 잘했던지, 이를 해넣은 후 며칠만 입안이 좀 거북하더니 지금까지 아무 탈 없이 본래 있던 이처럼 자연스럽게 사용하며 지낸다. 이따금 해넣은 이에 혀가 닿을 때 나는 그 옛날 어머니와 작은어머니와 큰어머니가 내 입안에 양잿물을 조금 찍어넣고 바라보던 표정이 생각난다.

양잿물은 극약이다. 양잿물은 늘 한자리에 두었다. 작은 옹기그릇에 담아 그릇을 씻어 엎어둔 살강 밑에 두었다. 식구들의 눈과 손이 가닿지 않는 음습한 곳에 보관하는 것이다. 잘못하여 양잿물을 마시고 잘못된 경우도 있고, 어떤 마을에서는 양잿물을 마시고 누가 어떻게 되었다는 소식이 들리곤 했다. 오래전 지푸라기 끝에 찍어 내 썩은 이빨 속에 집어넣었던 것이 바로 그 양잿물이었다.

이제야 말하는 비밀

운암댐으로 소풍을 갔다가 오는 길이었다.

비가 왔다.

아이들은 빈 도시락을 허리에 질끈 동여매고

뛰었다.

걸어 30리 길, 먼 길이었다.

도시락 속에서 젓가락과 반찬통이 발을 맞추어 딸랑거렸다.

학교 앞을 지날 때

내 앞에 뛰어가던 한 여자아이가 뒤돌아서서 누군가를 부르는 손짓을 했다.

그 작은 손짓이 나를 부르는 듯했다.

그 아이는, 뛰어가다가 돌아서서

나를 부르고

또 돌아서서 나를 불렀다.

그 손짓의 주인공이 학교 앞 언덕 아래로 사라졌다.

학교 앞 언덕 아래 샘이 있는 곳이다.

나도 언덕 아래로 내려갔다.

여자아이가 엎드려

물을 마시고 있다가

내가 가니 벌떡 일어나 나를 보며 웃었다.

그리고 내 손을 잡아 무엇인가를 쥐여주고

나를 보고 씩 웃더니

언덕을 올라가버렸다.

손을 펴봤다.

동전이었다.

생전 처음 본 그 동전에는 이상하게 생긴 사람의 얼굴이 박혀 있었다.

남자인 것 같은데, 머리가 길었다.

이게 뭘까. 이게 돈일까.

나는 오랫동안 그 동전을

아무도 몰래 간직하고 있었다.

그 동전은 늘 빤질빤질했다.
나는 그 동전을 그 누구에게도
보여주지 않았다.
중학교 다닐 때도 그 동전은 내 내밀한 곳에 늘 감추어져 있었다.
오늘 그 비밀을 나는 발설했다.
그 동전이 달러라는 것을 나는 많은 세월이 흐른 후에야
알았다.

앗차!

어머니는 소쩍새가 처음 울던 날 아침에 똥을 싸면서 '어제저녁에 소쩍새가 처음 울었지?' 하고 생각해낸 사람은 영리한 사람이라고 하셨다. 나는 꼭 변소 문을 열고 나오면서 그 생각이 나 '앗차!' 하곤 했다.

정자나무 2

보리 팰 무렵
으스름달 떴다.
동네 아이들이
느티나무 아래 보리밭에서
숨바꼭질을 했다.
보리 잎에 이슬들이 반짝이며 살에 닿으면
오소소 개방울이 돋았다.
정자나무에 기댄 아이가 열을 셀 동안
아이들이 흩어져
보리 이랑으로 숨어들었다.

저쪽에서 가시내가

내 곁으로 슬슬 기어왔다.

머릿결에서 이슬이 반짝였다.

가시내는,

내 곁으로 바짝 다가왔다.

내가 일어서려고 하자 가시내는

더 있다 가 하며

내 옷깃을 잡고 하얗게 웃었다.

풋보리 냄새가 났다.

커다란 정자나무와 함께 세상이 빙글 돌았다.

달빛이 부서지고

나를 부르는 아이들 소리가

아득하게 물소리를 따라갔다.

달이 그렇게 둥글고

그렇게 높은 것을 처음 보았다.

이야기 하나

 옛날 어떤 할아버지가 아침에 논에 갔더란다. 커다란 구렁이 한 마리가 물꼬를 막고 있더란다. 쉿! 저리 가, 쉿! 저리 가. 쫓아도 가지 않아 할아버지는 삼지창으로 구렁이를 찔러 죽였다. 이튿날 아침에 그 물꼬에 가보았더니, 손바닥만한 붕어들이 고물고물 모여 있더란다. 옳다구나! 붕어를 잡아다가 끓인 후 냄비 뚜껑을 열었더니, 어? 이것이 뭐여! 냄비 속에 커다란 구렁이가 한 마리 삶아져 있더란다.

이야기 둘

옛날 우리 동네 어떤 할머니가 깨밭에 가서 엄지손가락보다 더 큰 연두색 깨벌레를 잡아 죽였단다. 어느 날 그 밭 위 논, 물 빠진 물꼬에 붕어들이 구물구물 모여 있어서 잡아다가 자갈자갈 끓여 밥상 위에 놓고 냄비 뚜껑을 열었더니, 어마! 뜨거라, 이것이 뭐셔 시방? 냄비 속에 연두색 깨벌레들이 오글오글 삶아져 있더란다.

보리밭

봄이 되면 강 건너 산비탈 밭에는
보리가 푸르게 자랐다.
그 푸른 보리밭에 어머니와 누님들이 나란히 앉아 보리밭을 맸다.
보리가 발목 아래로 자랄 때부터 보리밭에 앉아
보리가 엉덩이를 가릴 때까지 보리밭을 맸다.
누님들은 어머니들과 한밭에서 보리밭을 매는 것을 좋아하지 않았다.
늘 그들끼리 패를 지어 품앗이로 보리밭을 맸다.
푸른 보리밭 속에 흰 수건을 쓰고 앉아 가는 듯 마는 듯
천천히 보리밭을 매어가며 누님들은 하루 종일 무슨 말을 하고,

하루 종일 무슨 생각을 했을까.

언제 보면 밭머리에 앉아 있고

또 언제 보면 밭 중간쯤에 가 있고

또 언제 보면 저쪽 밭 끝에 가 있었다.

푸른 보리밭 속에서는 두런두런 이야기 소리가 들렸다.

그러나 어찌나 소곤거리던지, 그 말들은

보리밭을 넘어오지 않았다.

누님들의 밭에서는 보리피리 소리가 구슬프게 들릴 때도 있었고,

강가에 있는 버드나무로 만든 피리 소리가 처량하게 들릴 때도 있었다.

요순이 누님은 누구 오빠를 좋아하고

순자 누님은 누구 오빠를 좋아하고

수남이 누님은 누구를 좋아한다는 소문이 봄바람을 타고

보리밭을 넘어오기도 하고,

배추흰나비가 되어 강을 건너오기도 했다.

동네 산 절벽 난간에는 해마다 진달래꽃이 만발해도

동네 오빠들과 결혼한 누님들은 없었다.

하루 종일 보리밭을 매고 수건을 벗어 치마와 저고리에 묻은 흙먼지를 탈탈 털고

누님들은 징검다리 하나씩 차지하고

나란히 앉아 등을 구부려 세수를 했다.
흰 저고리와 검정 치마, 긴 댕기머리들,
누님들은 물 묻은 얼굴을 닦고
해맑은 얼굴을 저문 강바람에 말렸다.

봄나들이

검정 치마
흰 저고리
첫 나들이
보리밭 매고
집에 올 때
시끄러웠다.
갑사댕기 날리는
징검다리 물소리
한 줄로
시끄러웠다.

제4부

하얗게 웃던 동무들과 놀던 그 시절

우산 속

　정말 억울했다. 나만 맞았다. 나만 벌을 섰다. 시험을 본 날이었다. 점심을 먹은 나는 교무실 쪽 복도를 걷고 있었다. 교무실에서 여학생 몇 명이 머리를 맞대고 선생님 책상을 삥 둘러싸고 있었다. 까만 머리통 몇이 둥그렇게 보일 뿐 그들이 무엇을 하는지 보이지 않았다. 나는 호기심이 당겨 슬그머니 그들 뒤로 다가가 머리 틈으로 그들이 들여다보고 있는 것을 들여다보았다. 시험지였다. 빨간 색연필이 죽죽 그어지고, 동그라미가 그려진 시험지였다. 여자아이들은 내가 들여다보는 줄도 모르고 정신없이 시험지를 뒤적이고 있었다. 자기 시험지를 찾아 점수를 확인하는 모양이었다. 내가 슬그머니, 다시 머리를 들이밀자 여자아이들은 어마 뜨거라 기겁을 했다. 그리고 나인 줄 알자 가슴을 쓸어내리며 다시 자기 시험지를 찾았다. 그렇게 제 시험 점수를 확인하는 데 열중하는 사이 점심을 먹고 돌아온 한 선생님이 등 뒤에서 우리가 하는 짓을 바라보고 있는 줄 우린 까맣게 몰랐다.

여학생들은 손바닥 몇 대씩을 맞고 가라고 하고, 나는 따로 교무실 복도에서 엎드려뻗쳐를 하라고 했다. 그리고 작은 각목으로 만든 아이들 손바닥만한 자를 들고 온 선생님이 힘껏 내 엉덩이를 내려쳤다. 자가 뚝 부러졌다. 자가 부러지자 선생님은 더 화가 났는지 나를 몇 대 더 때리고는 무릎을 꿇고 손들고 기합 받는 자세로 앉혀둔 채 교무실로 들어가버렸다. 나는 왜 나만 그렇게 맞아야 하는지 몰랐다. 나는 울었다. 엉덩이 아픈 것보다 나 혼자 남아 이렇게 맞은 게 너무나 억울했다. 내가 시험지를 보자고 해서 본 것도 아니고, 그냥 지나가다가 들러본 것에 불과한데, 나만 더 맞고 이렇게 기합을 받는 것이다. 선생님들마다 내 머리통을 툭툭 치면서 한마디씩 하며 지나갔다. 그때 그 기억 때문에 나는 오랫동안 선생을 하며 기합을 받고 있는 아이들을 보면 담임선생에게 가서 용서를 빌게 하고 아이들을 기합에서 풀어주도록 종용했다. 아무튼 나는 그렇게 억울(?)하게 기합을 받으며 앉아 있었다. 5교시가 끝났다. 아이들이 집으로 돌아갔다.

선생님은 나를 잊어버렸는지, 아니면 알고도 그냥 이렇게 두는지

도통 무슨 말이 없이 내 곁을 지나다녔다. 5교시가 끝나고, 6교시가 끝난 지 얼마가 지났을까. 학교에는 선생님들이 보이지 않았다. 복도 맨 끝 교실에서 간간이 웃음소리가 들렸다. 어? 그런데 비가 왔다. 슬레이트 지붕에 떨어지는 빗방울 소리가 제법 세찼다. 유리창 너머로 보이는 학교 지붕 끝에서 낙숫물이 나란히 떨어졌다. 걱정이 태산이었다. 선생님은 보내줄 생각을 하는지 마는지 소식이 없고, 나는 아이들이 다 돌아간 빈 복도에 내버려진 채 손들고 무릎 꿇고 앉아 있는 것이다.

눈물이 나왔다. 나는 울고 있었다. 복도 저쪽 끝에서 한 여학생이 책보를 가슴에 안고 내 쪽으로 걸어왔다. 놀랍게도 그 아이는 우리 동네 사는 정남이었다. 정남이는 나를 보자 나보다 더 놀랐다. "어? 너 지금까지 여그 있었어? 어떻게 하지?" 사실 정남이도 나랑 같이 시험지를 보았던 것이다. 나를 보고 한참 무슨 궁리를 하던 정남이가 선생님들이 있는 교무실로 들어갔다. 조금 있으니 나를 기합 준 선생님의 얼굴이 문 밖으로 나타나더니, 정남이더러 뭐라고 하고는 도로 쏙 들어가버렸다. 내게 온 정남이가 말했다. "야, 가자. 선생님이 너 가라고 했어." 정남이는 한 손에 우산을 들고 있었고, 이미 책보를 등 뒤에 멘 상태였다. 우리는 교실 밖으로 나왔다. 허리와 어깨와 다리가 뻣뻣하고 저렸다. 조금 있으니 몸이 풀리기 시작했다. 우리는 현관문 앞에 서서 내리는 비를 바라보고 있었다. 어떻게 가야 하지.

그때만 해도 우산이 있는 집이 그리 많지 않았다. 학교 가기 전에 비가 오면 비료 포대를 쓰고 학교에 갔고, 학교에서 갑자기 비가 오면 책보를 윗옷 밑 허리에 차고 집으로 뛰었다. 책이 젖지 않으면 되었다. 어떤 때는 책이 다 젖어 아랫목에 말려야 할 때도 있었다. 책보와 도시락을 같이 싸 메고 뛰면 양철 필통 속의 연필과 도시락 속의 숟가락이 가락을 맞추듯 딸랑거렸다.

슬레이트 지붕에서 땅으로 떨어지는 낙숫물은 촘방촘방, 쭈르륵 땅을 팠다. 운동장 가득 소낙비가 쏟아졌다. 빗방울은 운동장에 고인 물 위에 수도 없이 많은 동그라미를 그리고 또 지웠다. 얼마나 그렇게 말없이 서 있었을까. 빗줄기가 조금 가늘어졌다. 저쪽 교실에서 선생님들의 웃음소리가 간간이 들렸다.

정남이가 먼저 우산을 쓰고, 조금 가늘어진 빗줄기 속으로 들어섰다. 그리고 나를 보고 말했다. "야, 이리 들어와. 같이 가게." 정남이가 희미하게 웃었다. 세상에, 여학생하고 한 우산을 쓰는 것을 우리 중 상상이나 해본 아이가 있을까. 정남이가 또 나를 불렀다. "빨리 이리 오랑게." 나는 엉겁결에, 다른 수가 없으니 정남이 우산 속으로 뛰어들었다. 다행히도 빗줄기는 더 굵어지지 않았다. 나는 책보를 허리춤에 넣고 질끈 동여맸다.

비는 그치지 않고 내렸다. 동네까지 40분쯤 걸리는 길을 우리 둘이 우산을 쓰고 걸었다. 우산 위에 떨어지는 빗방울 소리가 그렇게 큰 줄 그때 알았다. 어깨가 부딪칠 때마다 나는 훔칠훔칠 놀라며 나도 몰래 우산 밖으로 나갔다.

  길은 멀고, 아득했고,
  또 아늑했다.
  우산을 쓰기는 했지만 옷은 다 젖었다.
  그 먼 길이 정말 멀었고,
  또 너무 가까웠다.
  집에 와서 내가 걸어온 길을 돌아보았다.
  자욱하게 비가 그치고 있었다.
  마을과 강과 강변에는 저녁연기가 푸르게 깔리고
  어둠이 내리고 있었다.

파란 칡잎, 빨간 산딸기

학교 가는 길에는 풀이 자랐다. 풀이 자라 이슬이 맺히면 발등과 바지가 젖었다. 그러면 아버지들이 날을 받아서 우리가 다니는 길가의 풀을 베어주었다. 학교 가는 길은 풀밭 속으로 난 작은 길이었다. 우리가 오래도록 걸어다니며 만든 이 길엔 우리의 숱한 이야기들이 길바닥의 자갈만큼이나 많이 깔려 있다.

강길을 한참 따라가다보면 구장네 솔밭이 나오는데, 그 솔밭가로 길이 구불구불 어여쁘게 나 있었다. 길은 흙길이 아니고 자갈과 잔디가 섞여 있었다. 구장네 솔밭을 지나면 용소 꼬랑지가 나오고 용소 꼬랑지에 몇 개의 징검돌로 만든 징검다리가 나온다. 그 징검다리를 건너면 호숫가로 길이 다정하고도 정답게 나 있다. 용소를 조금 지나면 강변이 나오고, 그 강변 끝에 가면 개터가 나온다. 작은 시냇물인 개터에는 징검돌이 여러 개인 징검다리가 나온다. 그 징검다리를 건너면 바로 작은 주막이 두 채 있고, 신작로가 나왔다.

신작로가 나오기까지 풀밭 가운데로 난 그 아름답고 정다운 '자연의 길'이야말로 사람이 발로 걸어 만든 가장 자연친화적이고 인간다운 길이었다. 작은 솔밭과 용소와 징검다리들, 그 사이로 난 작은 길, 아! 그 길을 어찌 잊으리. 마른 풀잎과 바람, 새로 돋아나는 풀잎과 바람, 새와 하늘, 마른 풀잎 위에 내리는 싸락눈, 붉은 딸기와 검은 몸을 가진 바위와 돌, 그리고 앙증맞은 작은 소나무들.

본래 그 길 말고 크고 넓은 길이 있었다. 미군들이 전쟁 후에 두고 간 '지에무시'라는 아주 힘센 차들이 나무를 실어나르는 길이 있었다. 차들이 나무를 싣고 달리면 우리는 그 차를 따라 뛰기도 하고, 매달리기도 했다. 차들은 징검다리를 건너지 않고 자기들이 내놓은 길로 강물을 건너기 때문에 우리는 그 차의 뒤꽁무니에 매달려 강을 건널 때도 있었다. 덜컹거리고, 뒤뚱거리며, 흔들리는 정도가 아주 심해서 모험심이 강한 용조 형이나 윤환이가 자주 그렇게 강물을 건넜다.

산에 있는 나무들을 다 베어가자 차들은 오지 않았다. 차들이 다니지 않자 큰물이 나가면서 그 찻길이 깊이 파여 작은 방죽들이 여기저기 생겨났다. 그 방죽에 붕어와 가물치 들이 많이도 살았다. 뜨거운 여름이면 개구리를 차 먹는 허벅지만한 가물치들이 등을 물 위로 드러내고 둥둥 떠 있다가 우리가 가면 천천히 아주 천천히 물속으로 슬며시 잠수를 하곤 했다.

  그 길에는 늘 꽃이 피어 있었다. 이른 봄이면 용소를 안고 있는 산에 진달래꽃이 피었다. 그 산에는 절벽이 있었다. 절벽 난간에 진달래꽃이 피어 강물에 어른거렸다. 진달래꽃을 보면 왠지 서럽다. 배고프고, 슬프다. 서러워 울음이 터질 것만 같고 목마르다. 진달래꽃이 지고 나면 철쭉꽃이 피었다. 철쭉꽃은 강가나, 작은 소나무 아래 피었다. 사람들은 진달래꽃을 참꽃이라고 부르고, 철쭉을 개꽃이라고 불렀다. 참꽃은 먹을 수 있는데, 개꽃은 먹으면 죽는다고 했다. '개' 자나 '뱀' 자를 붙여주는 풀과 나무 들은 사람과 친하지 않은 것들이다. 가까이하면 안 되는 것들이다. 개꽃이 피고 나면 아그배나무꽃이 핀다. 똘배 중에서 제일 작은 배를 아그배라고 한다. 아이들이 가지고 노는 구슬 중 가장 작은 구슬만한데, 서리를 맞으면 노랗게 익는다. 나중에는 까맣게 되는데, 따서 먹으면 시디시다. 아그배나무꽃이 피고 나면 찔레꽃이 피고, 붓꽃도 피고, 붉은 넝쿨 찔레도 피었다. 자운영꽃이 피어 붉었고, 쌀을 뿌려놓은 듯 토끼풀꽃이 하얗게 피어났다. 그 길에는 눈이 꽃잎처럼 산에서 내려 강물로 사라지고, 푸른 산을 그리며 소낙비가 쏟아졌다. 아! 강물로 사라지는 눈송이들과 강물을 건너 뛰어오던 소낙비들.

　모내기를 할 때 익는 딸기가 있다. 초여름 낮은 야산에 많았던 이 딸기는 딸기 중 가장 맛있다. 꽃이 하얗게 핀다. 산벚꽃하고 같이 핀다. 길게 늘어진 가지에 붉게 익은 이 딸기처럼 맛있는 딸기는 없다. 딸기를 따면 꽃받침까지 뚝 따지는데, 젖꼭지 같은 이 딸기 맛은 정말 새콤하고 달콤하다. 이 딸기 맛을 생각할 때 나는 말과 글의 부족함을 느낀다. 이 딸기 말고 또 유명한 딸기가 복분자다.

　어느 날 중국의 한 부부가 대를 이을 자식이 없어 고민하던 중 늘그막에 아들을 하나 얻었는데 너무 병약했다. 좋다는 약은 죄다 구해 먹여보았으나 별로 효과가 없었다. 그러던 중 지나가던 사람이 산딸기를 많이 먹이라고 권하여, 날마다 산딸기를 먹였더니 정말

놀랍게도 아들은 매우 튼튼해졌다. 그 아들이 얼마나 건강하고 힘이 좋은지 소변을 보면 소변 줄기가 요강을 뒤엎어버릴 만큼 셌다. 그래서 이 딸기의 이름을 '복분자覆盆子', 즉 요강을 뒤엎는 씨앗이라고 지었다 한다. 말이 그렇지 요강이 뒤집어질 리는 없다. 아무튼 이 딸기는 정력에 좋다고 하여 우리나라 곳곳에 이 딸기로 담은 술이 유행이다. 사람들은 이 술을 먹으며 늘 요따위로 말한다. "어이, 요강 뒤집어지니 조심혀." 이 딸기는 한 줄기에 여러 개의 딸기가 달린다. 처음에는 짙은 녹색을 띠고 있다가 붉어진 다음 나중에는 검게 익는다. 오디랑 버찌도 녹색, 붉은색, 검은색의 변화 과정을 겪으며 익어 떨어진다.

　이 딸기 말고 꼭지 딸기가 있다. 늦모를 심을 무렵 익는다. 모내기가 한 달쯤 앞당겨진 요즘은 그 딸기도 한 달쯤 빨리 익는다. 지구 온난화가 분명하다. 이 딸기는 꼭지가 뚝 떨어진다. 딸기를 따면 딸기만 쏙 빠지는 것이다. 밭 언덕이나 산 길가에 많은 이 딸기는 따기는 쉽고 흔하지만 그리 달지 않다. 우리에게 그리 큰 인기를 끌지 못했다.

　우리에게 가장 인기 있던 딸기는 멍석딸기다. 이 딸기는 나무가 아니고 한해살이풀이다. 넝쿨로 되어 있다. 넝쿨 끝에 달린, 어른 엄지손가락 끝마디만큼 큰 이 딸기를 우리는 '함박 때왈'이라고 불렀다. '때왈'은 딸기의 사투리다. 우리 지역 사람들은 딸기를 다 '때왈'이라고 불렀다. 이 함박 때왈은 늦여름까지 우리가 다니는 길가 풀섶에 많았다. 이 딸기꽃이 피면 우리는 곳곳에 자기 딸기를 맡아 두었다. 그리고 딸기가 익을 때까지 잘 지켰다. 그러나 누구도 자기가 맡아놓은 딸기를 끝까지 지켜 따먹은 적은 없다. 길가의 딸기가 어디 임자가 따로 있는가. 따먹은 사람이 임자 아니던가.

아침 등굣길이었다. 며칠 동안이지만 농번기 방학으로 우리가 다니지 않은 사이, 풀이 많이 자라나 있었다. 이슬이 발을 적셨다. 농번기 방학을 하기 전에 보아두었던 이 함박 딸기들이 풀섶 속에 탐스럽게 잘도 익어 있었다. 우리는 정신없이 딸기를 따먹었다. 나는 언젠가 물새알을 찾기 위해 구장네 솔밭을 지나 강가에서 이 딸기를 많이 본 기억이 났다. 조금 멀지만 그곳으로 달려갔다. 딸기들이 엄청 많이 익어 있었다. 나는 책보를 등에 메고, 두 손으로 딸기를 따먹었다. 그러다가 정남이가 생각났다. 딸기를 따 한 손에 담았다. 그러나 딸기가 너무 많아 손에 다 담을 수가 없었다. 넓은 칡잎을 하나 땄다. 그리고 그 위에 딸기를 담았다. 딸기는 금방 파란 칡잎에 붉게 쌓였다. 나는 칡잎 두어 장을 더 따 넓게 펴서 딸기를 가만히 싸고는 딸기가 다치지 않도록 책보 속에 살짝 넣었다. 그리고 아이들이 가고 있는 곳으로 달려갔다. 문득 정남이가 내 앞에 나타났다. 나는 놀랐다. 어? 하는 사이 정남이는 내게 무엇인가를 내밀었다. 나는 엉겁결에 정남이가 내민 것을 가슴에 받아들었다. 정남이는 돌아서더니 저만큼 가고 있었다. 정남이가 준 것을 내려다보았다. 파란 칡잎에 싸여 있는 것이 물컹했다. 칡잎을 폈다. 칡잎 한 장에 싸인 딸기는 내가 본 딸기 중 가장 탐스러웠다. 나는 가슴이 마구 뛰었다. 아니, 가슴이 쿵쿵거렸다. 딸기 색만큼이나 얼굴이 붉어졌다. 나는 마구 달려 아이들의 뒤꽁무니에 달라붙어 학교로 갔다. 학교에서 나는 내가 딴 칡잎에 싼 딸기를 어떻게 정남이 책상 속에 넣을까를 생각하느라 아무것도 되지 않았다. 선생님 말씀도, 아이들하고 노는 것도, 숙제도, 아무것도 내 머리에 들어오는 것이 없었다. 한 시간이 끝나고 다음 시간이 되어 새로 공책과 책을 꺼낼 때마다 정말 가슴이 뛰고, 정신이 없었다. 아이들에게 이 딸기를 들키지 않아야 하고, 또 칡잎에 싸둔 딸기가 으깨지지 않아야 했다. 정신없이 점심시간이 되었다. 밥을 어떻게 먹었는지 모른다.

　마침내 기회가 왔다. 밥을 먹자 아이들이 모두 운동장으로 나가 버리고 나 혼자 남게 되었다. 나는 다시 가슴이 뛰었다. 이런 일도 다 있구나. 아이들이 교실에 이렇게 한 명도 없을 때가 있구나. 나는 내 책상 서랍 안 책보에 싸여 있는 딸기를 꺼내 얼른 정남이 책상 속에 집어넣었다. 숨이 막힐 것 같았다. 얼굴이 달아올랐다. 드디어 성공한 것이다. 일을 성사시킨 나는 아이들이 노는 운동장으로 나가 놀았다.

　5교시가 되어 아이들이 교실로 들어왔다. 책상 속에서 책을 꺼냈다. 나는 정남이 책상 속에 들어 있는 딸기로 온통 정신이 쏠려 있었다. 딸기가 있는지 모르고 책을 꺼내다가 딸기가 책상 밖으로 허물어져 쏟아지면 어쩌나, 모르고 지나가면 어쩌나, 이런저런 생각으로 나는 안절부절못하다가 살짝 고개를 돌려 정남이 자리를 돌아다보았다. 정남이와 내 눈이 마주쳤다. 정남이가 빙긋 웃었다. 휴! 나는 속으로 안도의 숨을 내쉬었다. 정남이가 책을 꺼내려고 책상 속에 손을 넣었을 때 틀림없이 서늘한 딸기가 손끝에 닿았을 것이다. 그리고 푸른 칡잎에 살짝 싸인 딸기를 보았을 것이다. 나는 고개를 숙여 부끄러움으로 붉어진 내 얼굴을 칡잎 속에 감추었다.

연애편지 사건

4학년 때 일이었다. 아침에 학교에 갔더니, 아이들이 다 나를 보고 실실 웃었다. 운동장을 걸어가는데 6학년 형들이 나에게 다가왔다. "야, 너 왜 연애편지 썼어, 인마." 나는 어리둥절했다. 들은 적도 생각한 적도 없는 연애라는 말이 나에게는 너무 생소했다. 그러나 내 얼굴이 빨개지고 뜨거워지고 있다는 것을 알았다. 아무런 할말이 없는 나는 형들을 피해 교실로 들어갔다. 교실로 들어가는 동안에도 5학년 형들이나 6학년 형과 누나 들이 나를 보며 실실 웃었다.

5학년 교실을 지나 우리 교실로 막 들어가려고 하는데, 5학년 누나가 나에게 다가와서 "야, 너 왜 그런 편지 썼어?" 하며 나를 째려보고 눈을 흘기며 혼자 난리였다. 나는 무슨 영문인지 몰라 그냥 또 얼굴만 붉힌 채 교실로 들어갔다. 교실에 들어가니, 우리 반 아이들이 모두 나를 바라보며 실실 웃었다. 그리고 어떤 아이가 "야, 니 책상 속 한번 봐" 하는 것이었다. 나는 책보에서 책을 꺼내 책상 서랍 안에 넣으며 그 속을 들여다보았다. 거기에 잘 접힌 흰 종이쪽지가 있었다. 접혀 있는 그 쪽지를 꺼내자 아이들이 모여들었다. 그 종이에는 '사랑하는 정숙에게'로 시작되는, 지금은 그 내용을 알 수 없는 편지글이 서툰 글씨로 쓰여 있었다. 바로 그게 오늘 학교를 들쑤신 연애편지였다. 도대체 알 수가 없었다. 나는 그런 편지를 쓰지 않았을뿐더러, 초등학교 4학년이 어떻게 그런 글을 쓸 수가 있는가 말이다. 이건 누군가가 나를 놀리려고 한 짓이 분명했다.

내 연애편지의 주인공이라는 그 정숙이 누나는 얼굴이 아주 예뻤다. 아니, 예쁘기보다는 우리하고는 전혀 다른 옷과 가방과 신발을 갖추고 학교에 다니는 누나였다. 깔끔하게 흰 얼굴이며, 잘 땋아내린 머리며, 늘 단정하게 어깨에 멘 가방이며, 우리가 감히 갖추지 못한 것들을 그 누나는 다 갖추고 있었다. 정숙이 누나는 학교 바로 아랫마을에 살았는데, 할머니와 함께 살았다. 그 누나가 우리들하고는 전혀 다른 모습을 하고 있어서 우리의 부러움을 사기는 했지만, 얼굴이 그리 밝은 편은 아니었다. 그 누나는 친구들과 어울려 운동장에서 마구 뛰어놀지도 않았다. 그저 나무 아래에서 혼자 조용했다.

남학생들에게는 아주 인기였다. 같은 반 남학생들뿐 아니라 상급

생들에게 더 인기였다. 가까이 가기엔 왠지 꿀리는 것 같은 기분이 들었지만, 내심 모두 가까워지길 원하고 있었던 것이다. 그런 누나에게 누군가 편지를 쓰고 싶었을 것이다. 그러나 그 편지를 직접 주지는 못하고 내가 쓴 편지처럼 만들어서 그 편지를 학교 모든 학생들에게 공개하고 나를 놀렸던 것이다. 나중에 안 일이지만, 그 편지는 누나와 같은 동네에 사는 6학년 형이 썼다고 했다. 자기가 편지를 쓰고 나를 놀리며 싱글거리던 그 형은 지금 어디서 무엇을 하고 있을까. 다 늙었겠지.

나는 그 누나가 이따금 생각난다. 내가 좋아해서 쓴 편지는 아니지만, 연애편지라는 그 야릇한 말이 내 뇌리에 오랫동안 남아 있는 것이다. 벚꽃 이파리들이 바람에 날리는 날, 벚나무 아래 가만히 앉아 있던 그 누나를 나는 초등학교 졸업 후 한 번도 본 적이 없다. 그 누나가 살아 있으면 나보다 한 학년 위였으니, 아마 환갑이 넘었을 것이다.

나는 지금 꽃잎 날리는 그 벚나무들을 곁에 두고 이 글을 쓴다.

일구지댁

정수네 할머니
동네에서
제일 욕 잘했다.
눈치코치 안 보고 동네가 떠내려가게 아무 욕이나 다 했다.
라디오가 나왔을 때,
라디오를 들여다보며
이 속에 얼마나 사람이 많이 들어 있다냐?
전깃불이 들어왔을 때,
전구는 손대지도 않고
무엇을 건들면 대낮같이 깜짝 불이 환해지는

전깃불을 이해 못 했다.

텔레비전이 들어왔을 때도

저놈들이 어치고 저 속에 다 들어가 저기서 저 지랄들이다냐?

이해 못 했다.

텔레비전도, 전깃불도, 라디오도 이해 못 하시고

깨끗하게 돌아가셨다.

정수네 집

뒤란에 수수감나무

빨갛게 익어 떨어지면

그 감 주워 감추어두었다가

동네 어린애들

설사 달래주었다.

그 집 광방 뜯길 때

쌀뒤주 아래 초석자리 밑에

빠실빠실한 일본 돈 많이 나왔다.

깨끗하게 다려진

돈, 뭉치로 나왔다.

아까웠다.

하얗게 웃던
그 여자아이

 겨울이 되면 난로를 피웠다. 아침마다 책보와 함께 장작을 가지고 학교에 갔다. 장작은 두 개씩 가지고 갔다. 아버지는 장작 두 개를 어깨에 멜 수 있도록 새끼로 묶어주셨다. 책보도 메고 가야지, 장작도 메고 가야지, 그러다가 장작개비가 풀어지면 정말 낭패였다. 한번 풀린 장작 다발은 조금 가면 또 풀어졌다. 장작을 메고 학교에 가다가 징검다리를 건널 때 징검돌 위에 얼음이 얼어 미끄러져 장작이 물에 빠지면 정말 난감했다. 어떤 아버지들은 날마다 아이들이 장작개비를 메고 다니는 것이 안타까워서 장작을 한 짐씩 짊어다가 교실에 쌓아두기도 했다. 그렇게 1년에 두 번만 져다주면 아이들은 장작을 어깨에 메는 불편을 덜고 홀가분하게 학교를 다닐 수 있었다.

바짝 마른 장작으로 불을 때면 난로는 불덩이처럼 벌겋게 달아올랐다. 교실은 겨울 내내 훈훈했다. 청소시간이 되면 우리는 도시락을 난로 위에 데웠다. 한 반에 스무 명도 더 넘는 아이들의 도시락을 금방 다 데울 수 있었다. 난로가 뜨거우면 밥이 탔다. 우리가 가지고 다니는 도시락 중 타지 않은 도시락은 없었다. 밥이 눌어 누룽지가 생기고 도시락은 탔다. 그렇지 않아도 성한 도시락이 없는데, 날이면 날마다 벌건 난로에 태우니, 도시락들은 금방 누렇게 되거나 검게 그을렸다. 뜨거운 난로에 도시락을 데워 밥을 먹은 다음 집에서 가지고 온 고구마를 구워먹었다. 주머니칼로 고구마를 바퀴처럼 똑똑 썰어 난로 위에 놓으면 맛있게 고구마가 구워졌다. 나는 세상에서 그렇게 맛있는 고구마를 먹어본 적이 없다. 노릇하니 약간 탄 고구마를 입에 넣으면 말로 글로 다 할 수 없는 행복감을 느꼈다. 아이들은 고구마를 굽기 위해 주머니칼은 물론이고, 팔뚝 길이만큼 긴 철사 끝을 낚시처럼 만들어서 난로 위의 뜨거운 고구마를 쿡 찍어냈다. 어떤 아이들은 남의 감자도 그렇게 쿡 찍어 달아났다. 교실은 늘 고소한 고구마 냄새로 가득했다.

그날은 눈이 왔다. 눈은 거창했다. 운동장가에 서 있는 벚나무들이 안 보일 정도로 눈이 자욱하게 내리다가, 눈송이가 점점 줄어들어 뚝 그치는가 싶으면 또 주먹만한 눈송이가 천천히 내리다가 하

늘 가득 내렸다. 내리는 게 아니고 퍼부었다. 운동장은 금세 눈으로 가득했다. 아이들의 정강이가 넘을 정도로 쌓였다. 교실 난롯불은 한없이 따뜻했고, 눈은 계속 내렸다. 눈 속에 묻히고 갇혀 공부를 하고 있는 것 같았다. 학교 지붕 위로는 일곱 개의 연통에서 하얀 연기가 올라가고, 학교는 아늑했다. 점심을 먹고 5교시가 되자 우리는 눈싸움을 하자고 졸랐다. 선생님은 쉽게 그러자고 하시며 우리를 데리고 운동장으로 나갔다. 날씨는 포근했다. 산과 들은 하얗게 아늑했고, 운동장가에 있는 벚나무 가지마다 눈들이 가득 쌓여 마치 벚꽃이 피어 있는 것처럼 보였다. 그래도 눈은 내렸다. 가는 눈송이가 내리다가 점점 큰 눈송이로 바뀌는 순간은 우리에게 그야말로 환희였다. 우리를 청군 백군으로 나누어 싸우게 하고, 선생님은 교실로 들어가셨다.

우리는 처음에는 서로 멀리 떨어져 눈을 뭉쳐 던지기 시작했다. 그러나 너무 멀어서 점점 가까이 다가가며 뭉친 눈을 던졌다. 시간이 지날수록 양편은 점점 가까워지고 드디어는 육박전이 벌어졌다. 눈을 뭉칠 사이도 없이 아이들은 가까이 다가가 손으로 눈을 퍼부었다. 집중적으로 눈을 뒤집어쓴 여자아이들은 울기 시작했다. 어떤 아이들은 눈 위에 눕혀놓고 눈으로 덮어버리기도 했다. 싸움은 점점 치열해졌다. 힘이 약한 아이들은 도망가기 시작했다. 학교 운동장을 벗어난 아이들은 학교 바로 밑에 있는 마을까지, 그 마을 뒤에 있는 밭까지 쫓고 쫓겼다.

　아득하게 눈이 내렸다. 아이들의 고함 소리가 여기저기서 들리고, 여자아이들은 얼굴을 감싸고 울며 서 있기도 하고, 도망가기도 하고, 교실로 들어가기도 했다. 나는 학교 뒤로 도망을 갔다. 아이들이 나를 쫓고 있었다. 소나무가 있는 뒷산까지 도망갔다. 도망가다 뒤를 돌아다보니, 아이들은 없고 웬 여자아이 하나가 나를 쫓고 있었다. 나는 도망가지 않고, 그 자리에 우뚝 섰다. 내가 우뚝 선 곳에 소나무가 한 그루 있었다. 소나무 위에 눈이 하얗게 쌓여 있었다. 나는 그 가시내에게 눈을 퍼부었다. 내가 눈을 퍼붓자 가시내는 눈 위에 누워버렸다. 그 아이가 크게 웃었다. 깔깔깔 웃는 그 여자아이의 하얀 웃음이 눈 속에 숨어버렸다. 눈이 하늘 가득 내렸다. 나도 그 여자아이도 세상에서 사라지고 하얀 눈이 온 세상을 하얗게 덮어버렸다.

　지금도 그 여자아이가 누군지 분명하지 않다. 내가 쓴 동화가 하나 있는데, 그 동화에서는 정남이 누나라고 썼다. 그러나 나는 그때 눈 위에 누워 하얗게 웃던, 그래서 나를 눈 속으로 하얗게 지워버리던 그 아이가 누군지 모른다. 눈은 하늘 가득 내려와 그녀의 웃음 위에 하얗게 내렸다.

성순이와 정남이 누나

　성순이는 노란 저고리에 붉은 치마를 입고 다녔다.
　얼굴이 동그랗게 생기고, 눈이 시원하게 컸다.
　책보를 얌전하게 싸서, 아주 얌전하게 오른손을 안으로 굽혀 안고 다녔다.
　아이들은 성순이와 내가 좋아한다고 놀렸다.
　아이들은 나를 잘 놀렸다.
　정남이 누나하고 좋아한다고 놀리고, 6학년 형들은 또 5학년 누나하고 연애를 한다고 놀리지 않았던가.
　나는 그렇게 성순이와 내가 좋아한다고 놀려도 싫지가 않았다.
　아마 나는 실제로 성순이를 좋아하고 있었는지도 모른다.

아마 그랬을 것이다.

내가 또 좋아하는 사람은 정남이 누나였다.

성순이와 내가 좋아한다고 아이들이 놀리면 정남이 누나는 그냥 빙그레 웃고만 있었다.

성순이도 그냥 빙그레 웃기만 했다.

웃는 성순이 얼굴에 감빛 햇살이 가득했다.

코스모스가 바람에 하늘거리는 신작로 길에 노란 저고리를 입고, 붉은 치마를 입은 성순이가 책보를 얌전하게 한 손으로 받쳐들고 걷는 모습은 보기에도 좋았다.

정남이 누나는 늘 흰 저고리를 입고 다녔다.

흰 저고리 깃에 자주색 동정을 달고 옷고름도 자주색이었다.

아마 나는 성순이와 정남이 누나의 옷 중에서

그 옷이 제일 인상 깊었던 모양이다.

그 둘을 생각하면 그 옷이 생각나는 것이다.

다른 여자아이들의 옷은 이상하게 생각이 나지 않는다.

모두 흰 저고리에 검정 치마만 생각이 난다.

우리 반 여자아이들은 명자, 혜순이, 영순이(영순이는 처녀 때 죽었다), 그리고 정남이 이렇게 네 명이었다.

남자아이들은 나, 복두, 용조 형, 윤환이, 현철이, 태수(태수는 이사 갔다) 모두 여섯이었다.

이상은 우리 동네 동무들이다. 우리 반에서 우리 동네 아이들이 제일 많았다.

숫자가 많아서 우리 동네가 우리 반을 다 휘어잡았다.

주석이, 병렬이, 성주, 봉섭이, 창조, 기선이, 현기, 진구, 춘섭이, 승권이, 귀곤이 등은 다른 동네에 사는 반 친구들이었다. 죽은 친구가 있는데, 성은 양씨다. 입안에서 이름이 뱅뱅 도는데, 생각이 안 난다. 미안하다. 죽은 놈이나 산 놈이나 이제 다 늙었다.

(이 글을 쓸 때는 생각이 안 나던 그 죽은 동무 이름이 며칠 후에 생각 났다. 그 친구 이름은 산술이다.)

징검돌을 건너뛰던 그때가 생각난다. 고기들이 징검돌 사이로 물살을 차며 뛰어올랐지. 왜 이 생각이 나지? 갑자기?

여자아이 옷을 입고
굿마당에서 춤을 추다

설날이 지나면 사람들은 밖으로 슬슬 나온다. 되도록이면 초사흘까지는 집안 사람들끼리 집 안에서 조용히 논다. 초사흘 아침이 되면 우리 동네 사람들은 작은 차례를 지냈다. 아침에 간단한 상을 차려 차례를 지냈다. 초사흘 아침이면 어머니는 옷을 곱게 차려입고 동네 어른들에게 음식을 들고 인사를 다녔다. 어머니들이 흰 앞치마를 입고 상보로 덮은 음식상을 들고 마을을 부산하게 오가시던 모습은 지금도 눈에 선하다. 눈이 온 초사흘날 동네 어머니들이 음식을 가지고 종종 눈 위를 걷는 모습은 눈이 부셨다.

사람들은 서서히 밖으로 나왔다. 동네 어른들은 양지쪽에 모여 돈치기도 하고, 윗곁과 아랫곁을 나누어 자치기도 하고, 짚으로 만든 공으로 공차기도 했다. 동네 처녀들은 오금이네 집 마당에서 널뛰기를 했다. 널에서 훌훌 뛸 때마다 동네 누나들의 긴 머리채 끝에 달린 갑사댕기가 담 위로 불쑥불쑥 나타났다.

밤이면 같은 또래들이 동네 집집이 모여 놀았다. 어머니들도 오랜만에 집안일에서 해방이 되어 밤 내내 노래도 하고 춤도 추었다. 장구 소리는 너무 크기 때문에 활을 만들어 큰 바가지를 엎어놓고 활등을 바가지 등에 대고 활시위를 손가락으로 퉁퉁 치면 당글당글 소리가 났다. 아니면 잘 바른 창호지 문에 활등을 대고 활줄을 퉁퉁 튕기면 당글당글 소리가 났다. 사람들은 그것을 활장구라고 했다. 호롱불 아래 활장구를 치며 덩실덩실 춤을 추면 어머니들의 그림자가 창호지 문에 어렸다. 우리처럼 어린것들은 밤이 되면 현철이네 집에 모여 성냥골 내기를 하기도 하고 누님들이 노는 방에 가서 어떻게든 누님들을 골탕 먹이는 일을 했다. 문구멍을 뚫고 연기 집어넣기, 신 감추기, 문 벌컥 열기 등 지금 생각하면 하나도 재미없을 것 같은 놀이들을 했다.

서서히 설이 지나가고 다시 대보름이 돌아왔다. 공식적으로 설은 열흘을 놀고 대보름은 닷새를 놀았다. 대보름을 하루 앞둔 마을은 설보다 부산하고 바쁘게 움직인다. 보름 내내 동네굿을 쳐야 하기 때문이다. 뭐니뭐니해도 마을에서는 대보름굿이 상굿이었다. 지난해에 새로 집을 지었거나, 이사를 들었거나 하는 집에서 큰 굿을 치

기 때문이다. 어떤 때는 우리 동네 상쇠인 '빠꾸 하나씨(하나씨는 할아버지의 사투리)' 대신 다른 동네에서 상쇠를 사와야 했다. 빠꾸 하나씨 이야기가 나왔으니, 그 할아버지에 대한 시를 한 편 남기고 넘어가겠다.

빠꾸 하나씨

앞산 너머
가곡리가 집이란다.
우리 동네 살면서
머슴도 살고

이 집 저 집

날일도 해주며

밥 해결하고

사랑방 잠 자며

큰 근심 없이 살았다.

우리 동네 유일한 상쇠

빠꾸 하나씨

벙거지 쓰고

쇠 잡고

농악 마당에 들어서면

굿쟁이들은 꼼짝 못 하고

동네 사람들 모두 숨죽이며 긴장했다.

징이 안 맞으면

징잽이 앞에 세워두고

쇠를 치며

오른발로 땅을 굴러 징 칠 고비를

알려주었다.

얼굴이 길고

곰보였다.

빡빡빡꾸야 곰보빡꾸야

아이들이 놀려대면
짧은 곰방대를 휘저으며
저런 쌔려죽일 놈들 봤나
나뭇짐 받쳐놓고
고함질렀다.
우리 동네 굿선생이었다.
판조 형님 장구 가락도 빠꾸 하나씨에게 전수받았다.
암재 할머니하고 스캔달 있었다.

보름 전날이면 동네 사랑방에서 어른들이 모여 농악 도구와 악기를 점검했다. 사랑방은 정수네 집이었다. 사랑방 이야기가 나왔으니, 또 사랑방 시를 한 편 읽고 넘어가자.

사랑방

우리 뒷집 그 뒷집에
사랑방이 있었다.
동네에서 오줌독이 제일 컸다.
그 오줌독에 개 가죽 노루 가죽 담가 기름 빼서
열채, 궁굴채, 장구를 만들었다.

부낭(변소)도 제일 컸다.

한겨울 지나면

봄이 되기 전 그 큰 부낭 똥이 넘쳤다.

그 방에서 집 없는

빠꾸 하나씨도 자고

강샌도 자고

마누라하고 싸운 남정네들도 잤다.

담배 찌든 냄새, 발 꼬랑내, 메주 냄새가 섞여

머리가 띵했다.

어머니와 싸운 날 아침식사 때가 되어도 오지 않는 아버지를 모시러 가보면

아버지는 모로 누워 있었다.

내가 불러도 돌아보지도 않고

알았다고만 했다.

아버지가 베고 있는 목침에는 담뱃불로 탄 자국이 여기저기 뚜렷했다.

어른들이 없는 날 그 방에 가보면

만들다 만 망태, 덕석, 재소쿠리들이 윗목에 널브러져 있고

실경에는 고깔, 징, 장구, 소고가 얹혀 있었다.

외로운 사나이들의 피난처,

사랑방에 들면
아무렇게나 마음이 편했다
닭서리 닭 삶아대고
허기진 배 출출하면 고구마 삶아대고
때로
자다가 일어나
밤밥 해대던 곳
김 나는 하얀 쌀밥 차려들고
사랑방 문 열면
남정네들의 근심걱정같이
담배 연기 자욱한 사나이들의 방,
그 눈물 나던 방 사랑방.

어른들이 그렇게 사랑방에서 농악놀이 준비를 하는 동안, 모든 집들은 다 찰밥을 했다. 찰밥을 하면서 어머니들은 집안 구석구석 불을 밝혔다. 측간이며, 샘이며, 장광이며, 뒤란까지 다 호롱불도 밝히고, 접시에 기름을 담아 심지를 박거나, 아니면 초를 사다 불을 켜두었다. 오랜만에 집집이 구석구석 다 환해서 온 동네가 환했다. 불을 밝힐 때 그냥 밝히는 게 아니고 작은 그릇에 떡을 해서 그 떡 위에 불을 밝혔다.

보름날 저녁이 되면 온 동네 아이들은 간드레 불을 들고, 강변으로 나갔다. 강변에 불을 지르기 위해서였다. 잘 마른 풀에 붙인 불은 잘도 탔다. 보름달이 떠오르면 그 달을 향해 간드레 불을 빙글빙글 돌렸다. 불빛은 둥그렇게 돌아 보름달을 닮아갔다. 달처럼 커다란 불로 원이 그려졌다.

아이들은 자기 나이 숫자만큼 강변 곳곳에 불을 질렀다. 열 살 먹은 아이는 불을 열 군데 옮겼고, 열다섯 살이면 불을 열다섯 군데 옮겼다. 자기 나이별로 불을 옮겨야 그해에 종기도 버짐도 부스럼도 생기지 않는다고 했다. 아버지 어머니 몫까지 불을 지르면 동네는 정말 환한 불꽃세상이 되었다. 온 강변이 다 불에 타면 강물도 벌겋게 불탔다. 산도 강도 강변도 집 안도, 하늘의 달까지 둥실둥실 온통 동네는 환한 세상이 되었다.

그해 대보름에는 우리 집에서 농악판을 벌이기로 했다. 상쇠는 천담 마을 앞에 있는 작은 마을 돌무덤에 사는 김문식씨를 사왔다. 김문식씨는 키가 작달막했다. 평소에는 그냥 아담한 체구의 농사꾼이지만 농악복을 차려입고 꽹과리를 들고 굿판에 들어서면 그 몸이 어찌나 유연하고 실팍하고 카리스마가 넘치던지, 굿판에서 옷매무새를 매만지고 있는 굿쟁이들이 금방 조용해지고 긴장했다. 판을 완전히 장악했던 것이다. 대단한 카리스마였다.

마당에는 모닥불이 활활 타오르고 서서히 굿판이 어우러졌다. 끝쇠는 나이 드신 빠꾸 하나씨가 맡고, 큰집 판조 형님이 설장구였다. 징잡이는 우리 동네에서 제일 느린 복두네 아버지인 우리 큰당숙이었다. 큰당숙 이야기가 나왔으니, 또 그 당숙을 위해 써놓은 시를 여기 적고 넘어가자.

큰당숙

더운 여름
점심 먹고
정자나무 밑에서 더위 피할 때면
느닷없이 우골에 소나기 묻어왔다.
동네 산을 휘휘 돌아
빗줄기가 하얗게 강물 위를 달려왔다.
비 온다
비 온다 어떤 사람은 나무 뒤로 숨고
어떤 사람은 팔로 얼굴을 가리고 집으로
뛰었다.
큰당숙
두 팔 편히 내려뜨리고
절대 안 뛴다.

하늘이 무너져도
안 뛴다.
큰당숙
비 다 맞고
천천히 걸어
집에 간다.
야 이 사람아 얼른 뛰어
다그쳐도
느릿느릿 걸으며
미리 맞을 것 뭐 있다요?
비 맞는다.
지게 지고 깐닥깐닥
제일 늦게 앞산을 올라가도
똑같이 나무 한 짐 지고
산에서 내려온다.
징잽이 우리 당숙
징소리 천천히 가도
동네 구석구석 다 찾아가고
제일 멀리 간다.

소고잡이 제일 앞은 오금이네 아버지인 문수 아저씨가 서고, 동네 어른과 청년 들이 줄을 이었다. 참, 굿판을 가장 재미있게 해주는 대포수는 늘 아랫집 큰아버지가 맡았다. 장가든 지 얼마 안 된 신랑들은 새 한복에 조끼를 입고 굿띠를 두르고 굿마당에 나왔다. 시집온 지 얼마 안 된 새색시들도 눈에 띄었다. 한복에 흰 앞치마를 두르고 음식을 장만하느라 부엌으로 장광으로 바쁘게 움직였다. 굿판이 서서히 달아오를수록 열기는 더해갔다. 굿판의 움직임에 따라 사람들의 기분이 점점 고조되어갔다. 동네 처녀들은 집 안으로 들어오지 못하고 담 너머로 머리만 내놓은 채 자기가 좋아하는 총각이 소고를 올리는 모습을 훔쳐보고 있었다. 담 너머로 넘어간 불빛이 처녀들의 얼굴을 감빛으로 물들였다. 마당은 무대였고, 모닥불은 훌륭한 조명이었다. 모닥불에 의해 지붕은 숨고 마루와 처마 끝이 환하게 드러났다. 큰방에는 동네 어른들이 앉아 느긋하게 담배를 피우며 굿을 보고, 젊은 아낙네들은 마루나 뜰방에 서서 굿을 보고, 새각시들은 부지런히 부엌을 드나들며 음식을 장만했다. 우리 같은 조무래기들은 굿판을 가로질러 뛰어다니기도 하고, 불가에서 오졸오졸 춤을 추기도 하고, 굿마당에 들어가지 않은 마을 청년들은 괜히 객기를 부리며 고함을 지르고 처녀들이 있는 곳을 기웃거리기도 했다. 온 동네가 굿소리로 들떠갔다. 산도 논도 밭도 나무도 강물도 모두 굿소리 속으로 빨려들어갔다.

즈근닥, 지근닥 굿이 한차례 끝나면 굿판에 있는 모든 동네 사람들에게 닭을 잡아 끓인 '삐죽(뼈죽)'이 나왔다. 닭을 잡아 칼로 다진 다음 쌀을 넣고 죽을 끓이면 그게 삐죽이었다. 닭 한 마리만 잡아도 온 동네 사람들이 다 먹을 수 있었다. 그렇게 큰 굿판이 벌어지면 닭을 더 잡기도 했다. 삐죽을 먹다가 죽이 모자란다 싶으면 어머니들은 얼른 물을 더 부어 끓였다. 삐죽은 참으로 맛있었다. 굿판을 잠시 멈추고, 마루와 뚤방과 방과 마당 구석과 굿판에서 사람들이 다 같이 죽을 먹는 모습은 아름답기까지 했다. 울긋불긋 농악 복장을 하고, 장구를 뒤로 돌려놓고, 징을 한쪽에 두고, 고깔을 머리 뒤로 제쳐 목에 걸고, 소고를 두고 환한 달빛 아래 모닥불빛 아래 죽을 먹는 모습이 어찌 아름답지 않겠는가. 그렇게 죽을 먹은 굿쟁이들이 또 서서히 굿소리를 내면 사람들은 자기 자리로 돌아갔다.

새로운 굿판을 달구어가며 굿은 점점 절정을 향해 간다. 드디어 굿놀음이 시작되었다. 상쇠 어른이 굿쟁이들을 둥그렇게 세워두고, 한 사람 한 사람 굿쟁이들을 마당 안으로 불러들여 그동안 갈고 닦은 자기의 역량을 최대한 발휘하게 하는 장기자랑 굿이 벌어진다. 상쇠가 장구잡이 앞으로 다가가 서서히 마당 가운데로 끌어들여 온갖 가락으로 그 장구잡이의 장기를 다 끄집어내 굿판을 벌여주는 것이다. 판조 형님은 정식으로 장구를 배우지는 않았지만, 장구 가락이 남달랐다. 장구채를 던지고 받고 뺑뺑이를 돌고 훌쩍훌쩍 뛰고 장구로 할 수 있는 온갖 기예를 다 보여주었다. 다음엔 징잡이로 넘어간다. 평소에는 그렇게 느리고 말도 안 하는 양반이 징만 들면 듬직하고도 은근한 징소리로 동네를 다 울렸다. 징으로, 징채로, 또 느리고 더딘 몸으로 동네 사람들을 사로잡았다.

놀라운 재주였다. 사람들은 다 그렇게 몸에서 우러나오는 자연스러움으로 자기를 훈련시키고 단련시켜, 어떤 사람은 징을 잘 치고, 어떤 사람은 장구를 잘 치고, 누구는 쟁기질을 잘하고, 나무를 잘하고, 베를 잘 짰던 것이다. 노동으로 만든 아름다운 몸으로 익힌 자기 나름의 장기는 동네일을 할 때 다 필요하고 소용이 있었다.

징이 끝나면 상쇠가 소고쟁이들을 굿판 복판으로 데려왔다. 소고쟁이들의 몸짓은 다 달랐다. 소고를 치는 모습도 각양각색이어서, 어떤 이는 소고를 푹푹 하늘을 향해 쏘는 사람이 있는가 하면, 발걸음이 어색하고 자연스럽지 못한 사람들도 있었다. 소고를 치는 모습을 보며 고소를 금치 못하게 몸짓 발짓을 하는 사람들 말이다. 그러나 그런 사람들이 없다면 굿판은 제대로 이루어지지 않는다. 요즘처럼 한 선생에게 소고 치는 기술을 같은 동작으로 배워 자기 나름대로의 몸짓과 손짓과 발짓이 없는 천편일률적이고, 개성이 없는 '비굿'적인 모습이 아니었다. 모두 다 자기 몸짓을 가지고 있었다. 누가 가르치지 않고 스스로 터득했기 때문이다. 좀 틀리면 대순가. 몸짓이 좀 서툴고 어색한 게 무슨 대순가. 백석이 형님이나 재환이 형님이나 동환이 형님의 소고 치는 몸짓은 아주 특이해서 평소에도 아이들이 흉내를 내며 웃곤 했다. 그러나 그 모습이야말로 굿이었고, 굿판을 살리는 기예가 되었다.

오금이 아버지의 소고는 참으로 대단했다. 온몸이 모두 풀어진 채, 팔과 다리가 각각 움직이는 것 같아도 모두 통일된 모습이 예술이었다. 몸이 새털처럼 가볍게 허공에서 움직이는 것 같았다. 한 발이 땅에 닿는가 싶으면 한 발은 허공을 더듬고 있었다. 소고를 때리는 손짓과 허리와 고갯짓은 참으로 부드럽기 한이 없었다. 나는 듯 가라앉은 듯, 학이 걷는 듯, 땅에 내린 듯, 손길이 여기 있는가 싶으면 저기 가 있고, 발짓이 올라갔는가 싶으면 새처럼 땅에 내렸다. 앉아 치고, 뱅뱅 돌며 치고, 땅을 짚고 돌고, 앉아 강중강중 뛰고 돌고, 가지가지 온갖 자연의 흉내를 내는 그는 불빛 아래 한 마리 학이었다. 사람들은 그 모습에서 한시도 눈을 떼지 못했다. 거의 신기에 가까웠다. 굿판을 완전히 장악한 그는 사람들을 자기 마음대로 끌고 다녔다. 굿판은 조용했다. 모두 입을 벌리고 그를 바라보는 것이다. 그가 앉아 치던 소고춤을 일으켰다. 그는 입을 약간 벌리고 모닥불 불빛이 얼굴에 환하게 비치도록 고개를 약간 수그렸다. 그는 알고 있는 것이다. 불빛이 어디에 가닿는지를.

그의 소고가 끝나면 사람들은 크게 한숨을 쉬었다. 그리고 한참 후에 환호로 그의 신기에 가까운 소고춤에 대한 예의를 갖추었다.

다른 사람들도 그렇게 다 타고난 모습대로 자기의 장기를 자랑한 후 끝쇠인 '빠꾸 하나씨'를 마당으로 모셨다. 하나씨도 한가락 했다. 나이가 들었음에도, 자기가 평생 해온 상쇠에 대해 대단한 자부심이 있어서 동네 사람들은 하나씨의 상쇠놀음에 최대한 예우를 해주었다. 하나씨는 이 굿판에서 가장 인간적인 대우를 받았다.

마지막은 상쇠의 놀이였다. 굿판에 있는 모든 사람들은 둥그렇게 상쇠를 감싸고 서서 한눈팔지 않고 굿판을 이끌어온 어른을 존경심으로 모셨다. 상쇠는 스스로 자기 가락을 치며 장기를 자랑했다. 장구잡이가 마당 가운데로 나와 짝이 되기도 하고, 징잡이가 짝이 되기도 하고, 소고잡이가 나와 예우를 갖추어 극진히 모시기도 했다. 상쇠놀이의 절정은 뭐니뭐니해도 벙거지를 돌리는 일이다. 벙거지를 돌리다가 고개로 벙거지 털을 우뚝 세우고 벙거지 털을 잇는 그 고리로 벙거지 깃을 콕콕 찍는 것이다. 이 기술로 상쇠의 권위가 서기도 한다. 벙거지 깃을 잇는 꼭지가 상쇠 갓을 콕콕 찍는 모습은 마치 학이 땅을 콕콕 찍는 모습 같아 보는 사람들로 하여금 숨을 죽이고 탄식이 절로 나오게 한다. 그것은 신기였다. 김문식씨의 상쇠놀이도 대단했다. 그분의 작은 몸은 새털처럼 가볍게 날았다.

그렇게 숨막히는 장기자랑이 끝나면 굿판은 절정에 다다른다. 대동놀이가 시작되는 것이다. 굿이 절정으로 치달으면 온 동네 사람들이 다 굿판으로 뛰어든다. 어떤 이는 지게를 지고 굿판으로 들어오고, 어떤 이는 얼굴에 숯검정을 바르고 들어오고, 또 어떤 이는 바가지를 등과 배에 넣고 곱사춤을 추며 들어온다. 동네에서 가장 곱사춤을 잘 추는 사람은 큰집 큰아버지였다. 큰아버지의 곱사춤은 참으로 일품이었다. 굿을 보는 모든 이들을, 굿판을 온통 웃음바다로 만들었다.

그렇게 굿판이 절정으로 치닫기 직전이었다. 둥그렇게 선 구경꾼들 틈에서 굿을 보고 있는 누군가 내 손을 잡아끌었다. 나는 깜짝 놀랐다. 정남이 누나였다. 나는 누나에게 이끌려 큰집 골방으로 끌려갔다. 골방으로 나를 데려간 누나는 나에게 아주 작고 예쁜 여자아이 한복을 입혀주었다. 머리에는 수건을 씌워주었다. 여장을 한 것이다. 누나는 나를 다시 굿판으로 데리고 가서 굿마당에 나를 휙 밀어넣었다. 나는 갑자기 여자아이가 되어 굿판으로 들어갔다. 누군가 내 목에 붉은 굿띠를 걸쳐주었다. 나는 나도 모르게 춤을 추며 굿판을 돌았다. 어디선가 고함 소리가 들렸다. 얼굴을 들어보니 여자들 여럿이 굿판에 들어와 춤을 덩실덩실 추고 있었다. 자세히 보니다 동네 형들이었다. 굿판은 점점 절정을 향해 치달아갔다. "잘헌다, 잘혀" 하는 소리가 하늘을 찔렀다. 갑자기 내 몸이 붕 떠올랐다. 누군가 나를 뽈껑 들어 자기 어깨에 올려놓은 것이다. 나는 높은 어깨 위에서 춤을 추었다. 굿판이 나를 중심으로 빙글빙글 돌고 있는 것처럼 보였다. 산도 물도 논도 밭도 동네도 달도 사람들도 모닥불도 빙글빙글 돌았다. 사람들의 함성이 절정을 향해 치닫고 있었다. 동네의 모든 것이 한덩어리가 되어 달을 가운데 두고 빙빙 돌았다. 불티가 하늘로 치솟아올라갔다가 하얀 재가 되어 사람들의 어깨에 내렸다.

 사람들의 숨이 뚝 끊어지려는 순간 굿이 끝이 났다. 하마터면 동네 사람들이 다 숨이 넘어가 죽을 뻔했다. 모든 사람들이 숨을 몰아쉬고 상쇠잡이 어른은 이마에 솟은 땀을 닦았다. 그리고 열이레 달이 하늘 높이 둥실 떠올랐다. 그제야 물소리가 산굽이를 돌아갔다.

형들

 나는 할아버지를 보지 못했다. 할아버지와 비슷한 나이의 동네 할아버지는 윤환이 아버지가 유일했다. 그분은 참 오래 사셨다. 동네 사람들은 그분을 '갓쟁이 양반'이라고 불렀다. 그분은 늘 갓을 쓰고 다니셨다. 그 아래 연배가 큰집 큰아버지와 순창 양반과 성근 양반이다. 그리고 아버지들과 그 아래가 바로 우리가 형님이라고 부르는 분들이다. 재환이, 순환이, 백석이, 동환이, 이환이, 중백이, 일두와 판조, 판성이 형님, 그리고 그 형님들보다 한두 살 위인 정규 아재가 있었다. 모두 한두 살 위라고는 하지만 이런저런 인연들이 있어서 동네 형님들은 한두 살 차이라도 말을 놓지 못했다.
 내가 사는 덕치면에도 몇 년 전에 쥐띠 동갑들이 모여 계를 짰다.

같이 늙어가면서 이따금 모여 술도 먹고, 밥도 먹고, 여행도 다니자는 취지였다. 한 면에 살지만 자주 못 만났으니, 나와 동갑인지도 몰랐던 사람들이 모였다. 그런데 그중 내가 늘 형님이라고 불렀던 이웃마을 형이 모임 자리에 나와 있었다. 이런? 그 형은 나의 사촌형과 동기 동창이었고, 나보다 1년 선배였다. 그 뒤로 나는 그 형을 형이라고 불렀다가, "어이 뭐 그려? 같이 늙어가면서" 하며 야야 말을 놓다가 한다. 그러나 직접 부를 때는 "야, 복근아!" 이렇게 부르지 못하고 복근이 형이라 부르고 그 형의 부인도 늘 형수라고 부른다.

　나와 동갑짜리 하나가 이장을 했다. 그가 이장을 할 때 우리 동네 한수 형님도 이장을 했다. 처음 이장 회의에 간 날 내 친구더러 사람들이 형님, 형님 하는 걸 보니, 나이가 들어 보여 한수 형님도 그냥 형님, 형님 했단다. 그렇게 몇 개월을 형님으로 깍듯이 모시고 술도 대접하고 식사도 대접했단다. 한번은 그 친구가 우리 동네엘 왔다. 그때 내가 그 사람에게 야야 하는 걸 한수 형님이 보았다. 한수 형님은 뭔가 이상하더란다. 형님이 나에게 다가와 "어이, 용택이 자네 저 사람하고 뭐가 되간디, 나이 든 분한테 말을 놓는가" 이러는 것이었다. 아무렇지 않게 "저놈 나이가 나하고 갑인디요" 했더니, 형님 얼굴이 묘하게 일그러졌다. 그러고는 그 친구에게 다가가 다짜고짜 멱살을 잡더니, "너 이 새끼 그동안 내가 형님이라고 할 때마다 왜 가만히 있었어" 하며 따지는 게 아닌가. "아, 형님 이거 놓고 말해요. 내가 언제 나한테 형님이라고 부르란 적 있었어요? 나를 보자마자 형님이라고 해서 나는 그냥 가만히 있었을 뿐이잖아요?"
우리는 모두 허리가 휘어지게 웃었다.

아무튼 판조 형님들 그 바로 아래가 우리가 형이라고 불렀던 지금 살아 계신 한수 형님, 용수 형님, 종길이 아재, 판식이 형님, 진석이 형님, 한두 살 아래인 계안이 형님, 진문이 형님, 금도 형님이었다. 그 바로 아래가 용국이, 만조, 재남이 형들이었고, 우리보다 한 살 위인 태환이, 용조, 윤환이, 재경이 형들이 있고, 그 아래가 우리였다. 한수 형님 또래가 우리에게는 가장 가까운 형들이었고, 직접 그들의 관리권에 들었다. 말하자면 우리는 그 형들의 심부름을 하는 '똘마니 어린것들'이었다. 그러나 그 형들은 우리와 놀지 않았다. 그 형들과 우리의 관계를 똑똑하게 보여주는 사건 하나가 우리 마을에 오래전부터 지금까지 회자되고 있으니, 그 사건은 다음과 같다.

40분

한낮에
고함 소리 울음소리가 골짜기 하나를 찢었다.
풀하다가 한수 형님이 태환이 형을 팼단다.

저녁밥 먹고 느티나무 아래에서 놀면서

어른들이 한수 형님에게 물었다.

얼마나 패댔간디, 태환이가 그렇게 산이 떠나가게 오래 울었냐?

한 40분 정도 팼고만요.

너무나 태연하게 말해서 사람들 다 웃었다.

그 뒤로 누가 까불면

동네 사람들 다 이렇게 말했다.

야, 너 시방부터 한 40분 나한테 맞을래?

집안일

학교 갔다 오면 나는
집안일을 했습니다.
보리쌀도 갈아 씻어놓고
상추도 뽑아다가 씻어놓고
감자도 껍질을 깨끗이 긁어놓고
마루와 방을 쓸고 닦고
마당도 물을 뿌려 깨끗이 청소를 해놓았습니다.
마당을 깨끗이 쓸어놓고
빗자루를 한쪽에 세우면서
집 안을 둘러보면 마음이

한가로웠습니다.
그렇게 집안일을 다 해놓고
나는 동생을 업고
어머니 일하는 곳으로 갔습니다.
어머니가 보리밭을 맬 때는 보리밭으로 가
푸른 보리밭 속에
흰 수건을 쓰고 보리밭을 매는 어머니를 부르면
어머니는 아이고, 내 새끼 왔는가 하며 머릿수건을 벗어
옷에 묻은 먼지를 털며
보리밭가로 나왔습니다.
그러면 나는 동생을 어머니께
맡기고 나도 어머니처럼 보리밭에 앉아
보리밭을 맸습니다.
보리가 동밸 때까지
동밴 보리가 이삭을 내밀 때까지
나는 그렇게 어머니를 찾아 동생 젖을 먹이러 다녔습니다.
모내기를 할 때면
동생 젖을 먹이고
강길을 걸어오면
찔레꽃이 하얗게 피어 있었습니다.

길가에는 붓꽃이 피어 있고
토끼풀꽃과 자운영꽃이 피어 있었습니다.
꽃을 꺾어 등 뒤에 있는 동생 손에 쥐여주면
동생은 훌훌 뛰며 좋아했습니다.
어떤 때는 어머니랑 같이
집으로 돌아올 때도 있었습니다.
그러면 어머니가 동생을 업고
나는 홀가분하게 어머니 뒤를 따라 걸었지요.
어머니가 동생을 업으면
동생은 좋아 더 훌훌 뛰었습니다.
동생이 그렇게 훌훌 등에서 뛰면

어머니는 까불거리며 아이고 내 새끼,
아이고 내 새끼 하며 더 동생을 까불렀지요.
징검다리를 건너 집에 오면
산그늘이 앞산을 넘었습니다.
강변에 어둠이 깔리고
풀잎들이 파르르 일어섰지요.
집에 들어와 내가 해놓은 집안일을 보며
어머니는 잠깐 나에게
자유를 주었습니다.
그 다디단 자유, 그 자유를 지금도 나는
잊을 수 없습니다.
그러면 나는 낚싯대를 들고
강으로 달려 나갔습니다.
나의 하루는 늘 그렇게
강물이었습니다.

땅따먹기를 하며 놀다

비가 온다. 봄비다. 빗속에 묻어 있는 봄기운이 몸에 와 닿는다. 어디선가 봄이 시작된 것이다. 봄비는 늘 부슬부슬 내린다. 부슬비가 내려야 흙이 놀라지 않고 천천히 녹아 이웃 흙과 어울린다. 언 땅이 녹아 착 가라앉은 땅을 디디면 단단하고 포근포근하다. 땅도 봄기운을 잔뜩 품어 자기 몸에 있는 씨앗에 봄기운을 넣어준다. 산에 가보면 일주일이 다르게 진달래 꽃망울들이 커지고 있다.

이렇게 땅이 녹아 착 가라앉으면 어린 우리는 땅과 놀기 시작했다. 땅에 금을 그어놓고 땅따먹기를 했다. 넓고 넓은 땅에 크게 네모를 그리고 그 안에 여러 개의 칸을 만들어 그 작은 칸 따먹기를 했다. 말하자면 사방치기였다. 사방치기의 형식은 가지가지였다. 나이가 많을수록 사방치기의 형식과 내용은 복잡하고, 나이가 어린 아이들이 하는 사방치기일수록 단순했다. 땅따먹기는 가지가지여서 커다랗게 원을 그리고 자기 뼘으로 한 뼘의 땅을 차지한 후 그 땅을 기반으로 커다란 원 안의 땅따먹기를 했다. 이 놀이는 손톱만한 작고 납작한 돌을 주워 그것을 손가락으로 튕겨 삼세판 안에 자기 집으로 들어오며 돌이 지나간 자리는 다 내 땅이 되었다. 그런데 땅따먹기 놀이를 끝까지 해본 적은 없다. 늘 중간에 무슨 까탈이 나서 누군가가 오기를 부리고 싸움이 나서 울면 그 놀이는 중간에서 시지부지 끝이 났다.

여름이 되면 우리는 땅에 손톱만한 풀잎을 묻어놓고, 그 풀잎을 묻어놓은 부근에 금을 긋고 풀잎 찾기를 많이 했다. 작은 손으로 한 발쯤 되는 곳 안에 있는 작은 풀잎을 찾기란 여간 어려운 게 아니었다. 땅에다가 자기만 아는 글자를 새겨놓고 그 글자 찾기 놀이도 많이 했다. 자기 이름을 써서 교묘하게 덮어놓기도 하고, 학교 이름을 새겨놓기도 했다. 땅속에 묻힌 글자를 하나하나 찾아 글자 모양이 되어갈 때는 신이 났다. 물론 그 놀이도 여러 번 하다보면 시들해지고 누군가가 오기를 부려 싸우고 울어야 끝이 났다. 모든 놀이가 그렇게 끝이 나는 시간은 해가 넘어가 밥 먹으라는 어머니들의 부르는 소리가 들릴 무렵이었다. 땅거미가 땅따먹기를 그만두도록 했던 것이다.

생각해보면 이런 놀이들뿐 아니라 우리가 살아가는 모든 생활은 거의 다 이 땅에서 이루어진다. 땅에 집을 짓고, 땅에서 나는 것을 먹고 산다. 죽어서도 사람들은 땅에 묻힌다. 이 세상의 모든 죄악들도 다 땅따먹기 놀이에 다름 아니다. 땅을 더 많이 차지하기 위한 인류의 싸움은 지금도 여러 형태로 계속되고 있다. 어렸을 때 아이들이 땅과 노는 것은 땅과 친해지기 위해서일 것이나, 어른이 되어 하는 땅따먹기는 전쟁과 같다. 아무 땅에나 금을 그어놓고 땅따먹기를 하던 그 순진한 마음이 숨어버린 곳은 어디일까. 우린 그 숨겨진 선을 잊어버리고 살벌한 땅싸움을 하며 산다.

흐르는 강물에 돌을 던지며 놀다

  마을 앞 느티나무에 잎이 우거지기 시작하면 사람들은 나무 밑으로 모여들었다. 제일 먼저 어린아이들, 그리고 머리가 허연 할아버지들이 모였다. 이제 동네 사랑방에 앉아 있으면 더운 것이다. 어린 아이들은 느티나무를 오르내리기도 하고, 느티나무 아래 강 언덕에 있는 작은 옹달샘을 고치기도 하고, 느티나무 옆에 있는 모래밭에서 모래 장난을 하며 논다. 강물에 들어가기가 아직 일러서 아이들은 돌멩이를 주워 강 건너를 향해 멀리 던지기도 한다. "우와, 작년보다 훨씬 멀리 나가네. 우리 시합 한번 해볼까?" 아이들은 하나둘 모여들어 누가 더 멀리 돌을 던지나 힘껏 돌팔매를 하며 논다. 그런 돌팔매질을 우리 동네에서는 '핑메'라고 했다. "야 우리 핑메 시합할까?" 그 핑메 시합은 어린아이들만 하는 것은 아니었다.

날씨가 더 더워지면 점심을 먹은 동네 남자들이 모두 느티나무 아래로 모여들었다. 사람들은 나무그늘 아래 넓적넓적한 바위에 앉아 흐르는 물을 보기도 하고, 바위에 누워 느티나무를 찾아온 바람결에 흔들리며 부딪치는 나뭇잎 소리를 들으며, 때때로 시끄럽게 울어대는 매미 소리를 들으며 낮잠을 자기도 한다. 한쪽에서는 장기를 두기도 하고, 또 한쪽에서는 짚신을 삼기도 하고, 망태를 만드는 사람도 있다. 코를 드르렁드르렁 골며 자는 사람에게 성냥골을 가지고 불총을 놓는 장난도 하고, 콧구멍에 담배꽁초를 꽂는 장난도 하고, 커다란 들독을 드는 시합이며 한쪽 구석에 만들어놓은 씨름판에서 씨름도 한다. 어떤 어른들은 농사일로 두런두런하고, 어떤 사람들은 논에 물 대는 일 때문에 싸움을 하기도 한다. 둥그스름한 우산 속 같은 느티나무 그늘 아래에서 벌어지는 일들은 참으로 많고 많아서 이루 다 헤아릴 수가 없다. 누가 강 건너를 향해 핑메질을 하기 시작하면 젊은 사람들은 모두 그 핑메질로 모여들었다.

느티나무 바로 위는 한수 형님네 콩밭이다. 느티나무 그늘이 콩밭을 덮고 있는데, 그 콩밭 속에 핑메질을 하기에 좋은 납작한 작은 돌들이 많아, 너도 나도 그 콩밭으로 들어가 핑메 쏘기에 좋은 돌을 한 주먹씩 주워가지고 나오는 바람에 그 콩밭의 콩들은 늘 시달렸다. 콩밭에서 돌을 주워온 사람들은 느티나무 아래 앉아 한 사람씩

강을 향해 돌을 던졌다.

　느티나무 바로 앞강 건너에는 커다랗기가 집채만한 바위가 하나 있는데, 그 바위가 둥그스름하게 생겨서 동네 사람들은 '두루바위'라는 이름을 지어주었다. 그 두루바위는 강기슭에 몸을 대고, 강물에 몸을 담그고 있는데, 우리는 그 바위 위로 올라가서 다이빙을 하며 놀았다. 아, 그 바위 속에 얼마나 많은 고기들이 살고 있었던지. 메기, 쏘가리, 자라, 꺽지, 갈겨니, 뱀장어…… 그 속에 있는 고기들은 하나같이 다 컸다. 핑메를 쏘는 사람들의 목표는 일단 그 바위였다. 그 바위를 맞히는 사람은 몇 명 되지 않았다. 우리 동네에서 가장 멀리 핑메를 쏘는 사람은 오금이 아버지였는데, 그 바위보다 더 멀리 던지기도 했다. 나도 청년이 되어서는 그 바위 너머까지 핑메를 쏘기도 했다. 돌이 두루바위까지 나가지 못한 사람들은 대개 두루바위 바로 앞에 있는 자라바위까지 던졌다. 돌팔매질 시합은 그렇게 사람들이 느티나무에 모이는 초여름부터 사람들이 다 떠나는 늦은 여름까지 시시때때로 벌어지곤 했다.

　나이가 어린 조무래기들은 청년들과 어른들의 핑메질이 끝난 뒤에 어른들 흉내를 내며 돌 던지기를 했지만 강물까지 돌이 날아가기란 그리 쉽지 않았다. 나이가 들어감에 따라 돌은 점점 더 멀리 날아가기 시작했지만, 돌팔매질도 요령과 소질이 있어야 했음은 물론이다. 한수 형님이나 종길이 아재, 종안이 형님은 나이가 들어서도 돌멩이가 한 번도 강 중간까지 날아간 적이 없었다. 그이들은 늘 동네 사람들의 놀림감이 되었다. 좋은 돌을 고르지도 못했으며, 돌을 던지는 폼도 엉성하고 영 서툴러 보였던 것이다.

느티나무 아래서 돌 던지기에 참여할 수 없는 우리는 강가에 나가 돌 던지기를 했다. 우리는 점심을 먹기 바쁘게 옷을 벗어던지며 강으로 달려들어, 온몸에 개방울이 일고, 입술이 파랗게 될 때까지 놀았다. 아무리 여름이지만 강물 속에서 오래 놀다보면 입술이 파랗게 추웠다. 몸을 으드드 떨며 강변으로 나온 우리는 뜨거워진 강변 바위 위에 배를 깔고 누워 몸을 말렸다. 귀에 들어간 물을 빼내기 위해서 우리는 아주 납작한 작고 예쁜 자갈을 주워 귀에 대고 한쪽으로 머리를 기울이고 훌쩍훌쩍 뛰었다. 그렇게 한참을 뛰다보면 먹먹했던 귀가 툭 터지는 시원함을 맛보았다. 몸도 적당히 마르고 귓속에 들어간 물도 빠지면 강변에서 주운 돌로 수제비 떠먹기를 했다. 강변에는 희고 고운 돌들이 얼마든지 있었다. 수제비 떠먹기는 흐르는 물에 하기도 하고, 가만히 속으로 흐르는 순순한 물 위로 할 때도 있다. 세상의 모든 일들이 다 그러하듯 수제비 떠먹기도 아무나 잘하는 것이 아니었다. 적당한 돌을 골라 줍는 것에 수제비 떠먹기의 성패가 달려 있으니 돌을 고르는 안목이 가장 중요했으며, 넌진 돌이 물의 흐름을 잘 타게 해야 하고, 돌을 던지는 각도와 속도를 잘 알아야 했다. 어떤 날은 컨디션(?)이 좋아서 잘되는 날도 있고, 어떤 날은 영 기분이 잡치는 날이 있다. 수제비 떠먹기도 그때 그때 기분에 따라서 잘되기도, 못되기도 했다.

　강가에서 수제비 떠먹기를 하다 강 건너에서 뱀이라도 건너오면 더없는 재밋거리였다. 우리는 뱀이 강물을 건너오지 못하도록 돌을 던졌다. 우리의 방해에도 불구하고 부득부득 강을 건너온 뱀은 여지없이 참혹한 죽임을 당했다. 수제비 떠먹기는 나이가 상당히 들 때까지 강가에 사는 사람들에게 아름다운 놀이였다. 강가에서 풀을 베고 시간이 나면 아이들은 수제비 떠먹기를 했으며, 어머니에게 혼이 나면 강가에 나가 해 저문 강물에 돌을 던지며 놀았다. 수제비 떠먹기의 숫자가 늘어나면 기분이 좋아 집으로 갔고, 수제비를 한 두 개 떠먹다가 돌이 물속으로 곤두박질치면 더 울적해졌다. 수제비 떠먹기는 하루의 기분을 점치게도 하고, 하는 일에 자신감을 더해주기도 했다. 달이 뜬 밤 좋아하는 사람이랑 강가에 앉아 돌을 던져 반짝이는 강물을 깨며 사랑을 속삭이기도 했으며, 이별 뒤 강가에 나가 돌을 힘껏 던지며 아픔을 달래기도 했다.

　우리 외갓집 가는 길에는 커다란 호수가 하나 있었다. 그 호숫가를 지나며 내가 수제비 떠먹기를 하면 어머니는 늘 이렇게 말씀하시곤 했다. "용택아, 방죽에 돌 던지지 마라. 저승에 가면 방죽에 던진 돌을 다 건져내라고 한단다." 어머니는 아무 곳에나 돌을 던지지 못하게 했다. 사람들이 만들어놓은 방죽에 돌을 던지면 그만큼 방죽의

물이 줄어들었으니 말이다. 아무리 외롭고, 아무리 쓸쓸하고, 아무리 화가 나도 아무 곳에서나 수제비 떠먹기를 하지 말 일이다. 저승에 가서 던졌던 돌을 다 찾아 건져내기 싫으면 말이다.

　여름날 큰비가 내려 앞강에 큰물이 나갔다가 쭉 빠지면, 아, 어디에서 왔는지 강변이나 강물 속에 어여쁜 돌멩이들이 하얗게 깔려 우리를 놀라게 했다. 강가에 깔린 그 돌멩이들을 주워 우리는 여름날 수제비 떠먹기를 하며 여름을 보냈다. 우리가 강물로 수도 없이 던졌던 돌멩이들은 지금 어디에 있을까. 물 위를 살살 걸어가며 파문을 내던 그 수많은 돌멩이들은……

느티나무 껍질에
풀잎을 숨기며 놀다

 마을 초입이나, 마을 앞에 서 있는 느티나무에는 꼭 까치집이 있다. 커다란 나무에 잎이 피어나고, 단풍물이 드는 것을 보고 있으면 어쩌면 그렇게 마을을 잘 가꾸어놓았는지, 농부들의 마음에 저절로 고개가 숙여진다. 옛날부터 농촌은 가난했다. 작고 볼품없었으며, 사는 것 또한 풍족하지 못했다. 가난하고 초라한 마을 어디쯤 아름드리 느티나무나 팽나무가 푸른 이파리를 나부끼는 모습을 보면 마을이 가난해 보이지 않았다. 느티나무 그늘 아래 쉬고 있는 사람들의 모습은 평화롭고, 넉넉해 보였다.
 우리 마을에도 그런 느티나무가 네 그루 있다. 한 그루는 이웃 마을과 우리 마을 중간에 있고, 또 한 그루는 마을 중간쯤 강 언덕에 있다. 그리고 우리 마을과 나이가 같아, 한 500년쯤 된 느티나무는 뒷산자락에 있다. 마지막으로 한 30년쯤 된 느티나무는 우리 집 앞 강 언덕에 있다. 이 나무는 내가 뒷산에서 캐다 심고, 마을 사람들이 함께 가꾸었다. 마을 앞강 언덕에 있는 느티나무는 200년쯤 되었다고 한다. 호도 예쁜 '서춘' 할아버지가 심어 가꾸었다고 하는데, 서춘 할아버지는 평생 홀로 살았다고 한다. 서춘 할아버지는 한겨울에도 얼음을 깨고 강에서 목욕을 했다는데, 나무아미타불이라는 말을 시도 때도 없이 외우는 바람에 사랑방에서 크게 대접을 받지 못했다고 한다. 아무튼 서춘 할아버지는 가시고 나무는 엄청나게 자라서 동네 사람들이 그 나무 아래로 다 들어도 그늘이 많이 남을 정도다.

이 느티나무 아래에는 넓적한 돌들이 많았다. 당산제를 지낼 수 있는 제사상용 돌부터 사람들이 앉아 쉬고 누워서 잠을 잘 수 있을 만큼 넓은 돌들이 여기저기 있었다. 그 돌에 앉아 있으면 마을의 강이 다 보였다. 그래서 우리 동네 강에서는 물에 빠져 죽은 사람이 지금까지 한 명도 없었다. 여름철이면 이 느티나무 아래에 누군가 꼭 있었기 때문이다.

아침나절 들일을 한 사람들은 점심을 먹고 하나둘 강가에 있는 이 느티나무 그늘을 찾아온다. 집에서 느티나무 아래까지 오는 길이 먼 사람도 있고, 가까운 사람도 있지만, 남자들은 한 사람도 빠짐없이 이 나무 아래로 찾아오는 것이다. 점심 먹고 쉬는 시간, 이 느티나무 아래는 늘 사람들로 북적거렸다. 강에서 목욕을 하던 아이들은 느티나무 아래 모래밭에서 고무신으로 부릉부릉 자동차를 만들어 모래를 싣고 가는 트럭 놀이를 했다. 씨름을 할 때도 있지만 더울 때는 하지 않았다. 모래밭에서 아이들은 "두껍아 두껍아 헌 집 줄게 새집 다오" 노래를 부르며 모래집을 짓고 허물며 놀았다. 어른들은 불총을 놓기도 했다. 성냥골을 태우고 난 작은 숯을 자는 사람 다리에 꽂고 불을 붙이면 숯이 다 타서 살에 닿는 순간 자다가 벌떡 일어나기도 했다. 그 숯불은 델 정도로 뜨겁지 않아 잠을 깬 사람은 금세 다시 잠 속으로 빠져들었다. 담배꽁초를 자는 사람 코에 살짝 박아놓는 장난도 참 많이 했다. 자는 사람이 코를 크게 골다가 코가 막혀 담배꽁초가 멀리 튀어나가는 것이 그렇게 우스웠던 것이다.

어떤 날은 사람들이 잠을 자지 않고 모두 놀이에 참여하기도 했는데, 그 놀이는 들독 들기였다. 들독은 돌을 말한다. 돌 중에서도 둥근 돌을 말하는데, 큰 들독이 있고, 작은 들독이 있다. 어른들 아름으로 한 아름쯤 되는 것을 큰 들독이라고 하고, 아이들 아름으로 한 아름쯤 되는 것을 작은 들독이라고 한다. 들독 들기를 하는 날이면 사람들이 하나둘 잠에서 깨어나 그 행사(?)에 참여했는데, 나중에는 온 동네 사람들의 구경거리가 됐다.

들독을 들어올리는 방법은 가지가지였다. 돌을 무릎까지 들어올리기, 가슴까지 들어올리기, 가슴까지 들어올려 어깨너머로 던지기, 무릎도 가슴도 아니고 뿔껑 들어 어깨 너머로 휙 던지기, 그것도 저것도 아니고 그냥 허리를 굽히고 두 손으로 들어서 머리 위로 올려 뒤로 던지기 등등 돌을 드는 방법에 따라 경기 내용이 달라졌다. 아이들은 시간이 있을 때마다 돌을 드는 연습을 했다. 그것은 힘자랑이었으므로, 마을에서 또래들에게 자기를 과시하기에 아주 중요한 일이었다. 때로 들독을 드는 힘에 따라 그해의 품삯 값이 정해지기도 했다고 한다. 지금도 우리 집에는 우리가 들어올렸던 작은 들독이 있다. 큰 들독은 어디로 갔는지 보이지 않는다.

 그날 그리 힘든 일을 하지 않은 사람은 느티나무 바람이 아무리 살랑살랑 잠을 불러도 잠들지 않고 적막한 강물을 바라보기도 하고 장기나 바둑을 두었다. 우리 동네는 장기나 바둑보다 고누를 많이 두었다. 고누는 아주 간단한 놀이라서 아이들에게 특히 인기가 많았다. 고누는 장기나 바둑하고 비슷하나 그 술수가 어린아이들 수준이고 아주 간단하며, 몇 번 두면 금방 상대방의 수를 알아버려 별 재미가 없는 놀이다. 고누 중에서도 제일 간단한 것이 호박고누다. 우리 동네에서는 이 고누를 '꼰이'라고 불렀다. 우리가 가장 많이 한 고누가 바로 호박고누였다. 고누의 종류는 여러 가지가 있었는데, 상당히 머리를 써야 하는 고누도 많았다. 나는 머리 쓰는 일이 복잡하고 싫어서 고누를 잘 두지 않았다. 고누보다 복잡하고 어려운 것이 장기나 바둑인데 나는 지금도 바둑이나 장기를 두지 못한다.

고누도 두지 않는 날은 공기 줍기를 했다. 공기 줍기는 지금도 아이들이 많이 한다. 그때 우리가 놀았던 느티나무 아래에서의 공기 줍기는 상당히 복잡했다. 느티나무 곁에서 우리가 제일 재미있게, 그리고 손쉽게 했던 놀이는 풀잎을 나무껍질 속에 몰래 숨기고 찾는 것이었다. 그 놀이는 둘이서도 할 수 있고, 여럿이서 할 수도 있다. 커다란 느티나무에는 아기 손톱보다 작은 풀잎을 얼마든지 숨길 수 있는 껍질이 있었다. 우리 아름으로 서너 아름이나 되는 느티나무는 오래되어 큰 뿌리가 땅 위로 드러나 있었고, 그 뿌리에는 곧 떨어질 껍질이 붙어 있었다. 그 틈에 푸른 풀잎을 숨겼다. 누가 얼마나 작은 풀잎을 감쪽같이 숨기느냐에 따라 지고 이겼던 것이다.

아, 그렇게 저렇게 놀다보면 어느덧 선선한 바람이 불어오고, 느티나무를 찾는 사람들의 숫자도 하나둘 줄었다. 강가에는 구절초꽃이 피고, 느티나무 잎새는 벌써 단풍물이 들기 시작했다. 여름이, 무덥고 지루한 여름이, 그러나 온갖 이야기를 남긴 느티나무 밑에서의 한 해 여름이, 아쉬운 여름날이 그렇게 갔다.

붉은 벽돌의 교회당

 3학년 때였다. 우리를 가르치는 선생님은 교감 선생이었다. 이름을 대라면 지금도 나는 그 선생님의 이름을 댈 수 있다. 그 선생님의 딸이 우리 반이었는데, 그 아이 이름도 대라면 나는 정확하게 댈 수 있다.
 내가 그 선생님으로부터 호되게 귀싸대기를 맞은 날은 봄날이었다. 운동장가에 벚꽃잎이 하얀 눈처럼 떨어지고 굴러다니던 날이었다. 나는 갑자기 물이 먹고 싶었다. 참고 참고 또 참았지만 입안에 침이 없어 쩍쩍 소리가 날 지경이었다. 나는 용기를 내어 선생님께 물을 먹고 오겠다고 했다. 선생님은 그러라고 하셨다. 나는 운동장을 가로질러 비탈진 교문을 뛰어 내려갔다. 교문에는 잔자갈들이 깔려 있었다. 그 잔자갈을 잘못 밟았는지, 나는 그만 그 비탈진 교문에서 앞으로 꼬꾸라지고 말았다. 무지 아팠다. 이런? 오른쪽 팔이 손목부터 팔꿈치까지 모래와 자갈의 크기로 쭈우욱 깎이고 긁혀 피가 흐르고 있었다. 긁힌 자국에 꽃잎이 핏물과 함께 묻어 있었다. 무지 아프고 쓰렸다. 팔을 굽혀 후후 불었지만 쓰린 아픔은 가시지 않았다. 한참을 쭈그려 앉아 아픔을 참고 있다가 그래도 물을 먹어야 한다는 절박한 생각으로 신작로를 건너 강 언덕 아래로 내려가 샘물을 마셨다. 그때만 해도 학교에 샘도 수도도 없을 때여서, 그렇게 운동장을 지나고 교문을 내려가고 도로를 건너 다시 80도쯤 되는 비탈길을 내려가 옹달샘에서 물을 마셨다. 점심시간이면 아이들이 그 비탈길에 줄을 섰다. 물은 아주 맛있고 시원했다.

아무튼 나는 물을 마시고 상처를 후후 불며 아픔을 참고 눈물을 질금거리며 마음을 진정시키고 교실로 들어갔다. 선생님은 나를 보더니 왜 이제야 오느냐고 하셨다. 나는 아픔이 몰려와 눈물을 글썽이며 선생님에게 내 팔뚝의 상처를 보여드렸다. 선생님에게 위로받고 싶고, 그런 마음이 앞서 더 눈물이 나오는 나를 보더니 선생님은 느닷없이 내 뺨을 야무지게 후려갈기셨다. 너무나 느닷없고, 너무나 엉겁결이었고, 너무나 의외였고, 너무나 잔인했다. 그렇게 엉뚱하게 뺨을 맞은 나는 정말 어처구니가 없어서 눈물을 글썽이며 선생님을 바라보았다. 팔의 아픔보다, 선생님이 나를 때린 아픔보다,

이 이해할 수 없는 사태를 어떻게 해석해야 할지 몰라 눈물이 뚝 멈추었다. 감정이 복잡해진 나는 고개를 숙이고 서 있었다. 아이들도 이상하다는 듯이 모두 두려운 얼굴로 뚱하게 앉아들 있었다. 한참이었을 것이다. 아니면 금방이었는지도 모른다. 정말 눈물이 앞을 가렸다. 눈물이 퉁퉁퉁 마룻바닥에 떨어졌다. 울음소리는 나오지 않았다. 나는 내 자리로 돌아가 앉아 엎드려 울었다. 그때까지 나는 그렇게 많은 눈물을 흘린 적이 없었다.

 벚꽃이 날린다. 학교 아래 붉은 벽돌집 교회당까지 꽃잎이 날아간다. 오래된 붉은 벽돌로 된 교실 한 칸만한 교회당은 그 교감 선생님이 지었다. 이따금 그 교회를 볼 때마다 나는 그 선생님의 딸 얼굴이 생각난다. 그리고 상처받은 나를 왜 때렸는지 지금도 몰라서 교회를 향해 이따금 묻는다. "선생님 근데요, 왜 그때 나를 그렇게 때렸어요?" 나이가 들어가면서 나는 그 선생님이 그러지 않으면 안 되었던 어떤 사정을 생각하게 된다. 세월이 갈수록 억울함과 화가 치솟던 마음이 옅어지고 사라지면서, 그럴 만한 어떤 사정이, 아니면 어떤 감정이 있었을 것이란 생각이 자꾸 비집고 올라오는 것이다. 그러나 용서와 이해는 다르다.

졸업

꽃잎이 날아다녔다. 지붕을 넘어 하얗게 날아왔다. 길가에 자운영꽃과 토끼풀꽃이 피어나고, 붓꽃이 피었다. 찔레꽃잎이 바람에 날려 강물에 떨어졌다. 꽃잎들은 물결을 타고 흘러갔다. 호수에는 커다란 가물치가 등을 내놓고 햇볕을 쬐고 있었다. 느닷없이 물이 불어 푸른 물결이 강변을 꽉 메우고 흘러갔다. 자라들이 등이 보이도록 둥둥 떠서 떠내려갔다. 붉은 딸기가 어른거리고, 토끼들이 뛰고, 꽃잎을 받으러 아이들이 운동장을 달렸다. 풀을 베다가 내 엄지발가락을 낫에 베였다. 어머니는 솥 밑 숯검정을 된장과 섞어 버무린 다음 상처에 발라주셨다. 다친 발가락으로 물이 분 강물, 징검다리를 건널 수 없어서 정남이 누나가 나를 업어주었다. 나는 발가락이 오래오래 아팠다. 아이들의 흐느낌 소리가 들렸다. 졸업식 노래를 잇지 못했다. "잘 있거라 아우들아 정든 교실아"에서 아이들은 목이 더 메었다. 우는 소리가 커졌다.

　코스모스가 바람에 하늘거리고 여자아이들이 책보를 고이 싸들고 집으로 갔다. 보리는 파랗게 자라고 밀이 익어갔다. 모가 자라고, 개구리가 울고, 아침이슬로 우리는 발등이 젖었다. 징검다리 징검돌이 물에 잠기면 작은 돌멩이로 흐르는 물을 막고 신발을 신은 채 징검다리를 건넜다. 돌을 하나씩 주워 들고 징검다리에 서 있던 아이들의 정다운 얼굴들이 지나갔다. 주석이가 옆에서 울었다. 정남이 누나는 더 크게 울었다. 눈이 오고, 강물이 얼고, 아이들은 얼음 언 용소를 뛰어다녔다. 뱀이, 큰 뱀이 강물을 건너왔다. 물살이 일었다. 뱀이 건너올 때까지 기다리다가 뱀을 잡았다.

　밤하늘에 별이 빛났다. 물고기가 밤에도 이따금 차르르차르르 뛰었다. 아이들의 잠든 얼굴 위로 달이 지나갔다. 징소리가 울리고 마을이 빙빙 돌았다. 먼 곳으로 소풍을 갔다. 아이들이 밥을 먹고 보물을 찾으러 강변을 헤맸다. 나무껍질 속에 작게 접은 종이쪽지가 숨겨져 있었다. 눈이 내리고 교실에서는 아이들이 고구마를 구워먹었다.

　졸업식은 서서히 끝이 났다. 어깨를 들먹이며 울던 아이들의 어깨가 서서히 잦아들었다. 꽃잎을 날리던 벚나무, 노랗게 익던 살구나무, 운동장가의 탱자나무, 단풍나무가 눈에 들어왔다. 아이들이 선생님에게 인사를 하고 운동장을 걸어나왔다. 길게, 아주 길게 강물이 휘돌아나가고, 우리가 걷던 길들이, 꽃 피고, 비 내리고, 억새가 나부끼고, 모내고 벼 베던 길이, 눈 내리던 그 강길이, 그 어여쁜 징검다리 징검돌들이 눈이 부시게, 하얗게 놓여 있었다. 우린 그 길을 6년 동안 걸었다.

그리운 이름들을
다시 불러본다

진메, 장산, 진뫼, 새몰, 일구지, 물우리, 중전, 무당밭골, 새몰 벼락바위, 하산길, 꽃밭등, 벼락바위, 자라바위, 까마귀바위, 작은 두루바위, 절골, 평밭, 살바위, 수두렁책이, 작은골, 큰골, 찬샘, 도롱곳, 삼굿배미, 우골, 연단이골, 손아들, 저리소, 뛰엄바위, 다슬기방죽, 노딧거리, 뱃마당, 쏘가리방죽, 몰무동, 가운데 정자나무, 달바위, 구장네 솔밭, 용소, 도굿대배미, 자라배미, 버선배미, 뒷당산, 삼밭골, 가셋날끄터리, 삼제, 부챗날끄터리, 홍두깨날망, 헛샘, 두루바위, 가운데 두루바위, 지게, 작대기, 애기지게, 대패, 짜구, 끌, 암반, 쟁기, 깍쟁기, 벌통바위, 복두네 샘, 갓쟁이 양반, 용환이 양반, 순창 양반, 철환이 양반, 얌쇠 양반, 송새완, 명렬이 양반, 계량

이 양반, 최샌, 최샌댁, 연산댁, 광섭이 양반, 두만이 형님, 계선이 양반, 종만이 양반, 동팔이 양반, 덕제 양반, 명옥이 양반, 남팔이 양반, 현철이 아버지, 동환이 양반, 귀팔이 양반, 성근이 양반, 성만이 양반, 동춘 할매, 삼쇠 양반, 정규 아재, 풍언이 아재, 수봉이 양반, 아롱이 양반, 강샌, 명환이 양반, 빠꾸 하나씨, 동전댁, 안촌댁, 댕민댁, 일촌댁, 옥정댁, 월곡댁, 한동댁, 일구지댁, 수리제댁, 지푸실댁, 암재댁, 옥정 양반, 박새완, 일두, 판조, 계백이, 진문이, 판생이, 이환이, 영자, 순자, 수남이, 요순이, 삼이, 남이, 춘희, 정남이, 용조, 복두, 윤환이, 금화, 금도, 한길이, 현철이, 용국이, 용식이, 재홍이, 송지, 만조, 재환이, 태환이, 태수, 용수, 한수, 종길이, 종환이, 진석이, 판석이, 춘일이 양반, 덕영이, 현권이, 현이, 길순이, 도구통, 작대기, 도굿대, 확독, 풋독, 디딜방아, 징, 장구, 북, 소고, 부낭, 똥장군, 전짓다리, 삼 품앗이, 지팡이, 담뱃대, 부지깽이, 여물, 여물통, 코뚜레, 헛청, 외양간, 해치깡, 소쩍새, 부엉이, 뽕나무버섯, 박달나무, 발통기, 물꼬, 철귀, 못줄, 가물치, 지에무시, 무구덩이, 잉애, 베틀, 빨치산, 보루대, 딱꿍총, 창호지, 닥나무, 초가집, 이엉, 돌담, 샛길, 샛거리, 능구렁이……

부르면 한도 끝도 없이 따라나오는 그 그리운 이름들을 여기 불러모았다.

귀소 歸巢

사나흘 눈 오다 그치면
동무들이랑 토끼몰이를 갔다.
뒷산에 올라가 토끼 발자국을 보면
저녁 발자국인지
아침 발자국인지 금방 알았다.
아침 발자국을 살살 따라가다보면
저만큼
토끼가 하얀 눈 위로 뛰어올랐다.
토끼를 처음 본 자리에
한 사람을 남겨두고

나머지는 토끼를 몰았다.

산을 넘고 골짜기를 지나

하루 종일 토끼를 몰다보면

토끼는 처음 뛰었던 자리로 되돌아왔다.

지쳐서 돌아왔다.

쫓고 쫓기는 발자국 온 산에 어지럽혀놓고

지친 다리를

이끌고 토끼 뒤를 따라

동무들도 고함 소리 거두어

제자리로 돌아왔다.

김용택의 섬진강 이야기 2
살구꽃이 피는 마을
ⓒ김용택 2013

초판 인쇄 | 2013년 1월 11일
초판 발행 | 2013년 1월 18일

지은이 김용택
펴낸이 강병선
책임편집 이연실 | 편집 주상아 오동규 | 독자모니터 백은영
디자인 엄혜리 이효진 | 마케팅 우영희 나해진 김은지
온라인마케팅 김희숙 김상만 이원주 한수진
제작 서동관 김애진 임현식 | 제작처 영신사

펴낸곳 (주)문학동네
출판등록 1993년 10월 22일 제406-2003-000045호
주소 413-756 경기도 파주시 문발동 파주출판도시 513-8
전자우편 editor@munhak.com | 대표전화 031)955-8888 | 팩스 031)955-8855
문의전화 031)955-2660(마케팅) 031)955-2651(편집)
문학동네카페 http://cafe.naver.com/mhdn | 트위터 @munhakdongne

ISBN 978-89-546-2030-7 04810
       978-89-546-2028-4 04810 (세트)
* 이 책의 판권은 지은이와 문학동네에 있습니다.
  이 책 내용의 전부 또는 일부를 재사용하려면 반드시 양측의 서면 동의를 받아야 합니다.
* 이 도서의 국립중앙도서관 출판시도서목록(CIP)은 e-CIP 홈페이지(http://www.nl.go.kr/
  ecip)와 국가자료공동목록 시스템(http://www.nl.go.kr/kolisnet)에서 이용하실 수 있습니다.
  (CIP제어번호: CIP2013000060)

www.munhak.com